Manuel Arias Maldonado
es profesor de Ciencia Política en la
Universidad de Málaga, y ha sido
investigador visitante en las universidades
de Berkeley, Múnich y Nueva York, entre
otras. Es autor de libros como
La democracia sentimental y *Antropoceno.
La política en la era humana.*

(Fe)Male Gaze
El contrato sexual en el siglo XXI
¿Habrá un antes y un después en
las relaciones hombre-mujer tras el
Me Too? ¿Hay que corregir la mirada
masculina? ¿Prevenir el acoso aniquila la
seducción? ¿Es la biología el último refugio
del patriarcado? ¿Vivimos en una «cultura
de la violación»? A partir de escándalos
como los de Strauss-Kahn, Weinstein o el
acoso de emigrantes árabes a mujeres en
Colonia una noche de Año Nuevo, y de las
denuncias del Me Too y el contramanifiesto
de Catherine Millet y Catherine Deneuve,
el autor indaga en la transformación de las
relaciones entre sexos y propone una
emancipación mutua que excluya toda
coerción, pero también todo moralismo.

(Fe)Male Gaze

Manuel Arias Maldonado

(Fe)Male Gaze

El contrato sexual
en el siglo XXI

editorial anagrama

Una primera versión de este trabajo apareció en Revista de Libros
en cinco entregas durante los meses de enero y febrero de 2018

Primera edición: febrero 2019

Diseño de la colección: lookatcia.com

© Manuel Arias Maldonado, 2019

© EDITORIAL ANAGRAMA, S. A., 2019
  Pedró de la Creu, 58
  08034 Barcelona

ISBN: 978-84-339-1624-2
Depósito Legal: B. 525-2019

Printed in Spain

Liberdúplex, S. L. U., ctra. BV 2249, km 7,4 - Polígono Torrentfondo
08791 Sant Llorenç d'Hortons

We can't go on together
With suspicious minds
And we can't build our dreams
With suspicious minds.

ELVIS PRESLEY

1. Temblores de suelo

Antes de Weinstein, fue Strauss-Kahn. Y entre ambos, la Nochevieja de Colonia: una agresión sexual contra decenas de mujeres perpetrada por grupos de inmigrantes árabes durante la fiesta de recepción del nuevo año. Dos hombres poderosos y un grupo de hombres sin poder, pues, haciendo algo similar; tres episodios que, tras saltar a los titulares de la prensa mundial, alimentaron un debate de intensidad creciente en las redes sociales y crearon las condiciones para el estallido del movimiento #MeToo. O sea, para que se desarrollase una formidable campaña pública de protesta contra la agresividad sexual masculina que empezó poniendo el foco sobre el mundo del cine y ha terminado abriendo un debate de alcance global sobre la necesidad –o no– de redefinir las normas que regulan tácitamente las relaciones sexuales entre hombres y mujeres.

Todo ha sido muy rápido. Desde que el *New York Times* publicase en octubre de 2017 un artículo que daba noticia de la conducta sexual inapropiada del

magnate hollywoodense Harvey Weinstein, acusado
de abuso e incluso violación por una larga lista de
mujeres, entre ellas actrices ya consagradas, las denuncias se han multiplicado en el mundo del espectáculo, la empresa, la política e incluso la literatura.
Hemos visto dimisiones de ministros y ceses de altos
ejecutivos, la caída en desgracia de cómicos y actores, el furor punitivo de las redes sociales y la circu-
lación de listas negras. Las acusaciones van de la
violación al exhibicionismo, pasando por el consu-
mo de pornografía y las insinuaciones sexuales. En
ocasiones, se trata de hechos más o menos contem-
poráneos; en otras, de episodios que se remontan
años o décadas atrás. Se han publicado cientos de
artículos sobre el tema; se ha discutido con fervor en
las redes y las sobremesas. Ha surgido también un
movimiento reactivo, donde no faltan mujeres, que
alerta contra los excesos de esta oleada reivindicati-
va; la opinión pública francesa ha conocido incluso
un duelo de manifiestos que atestigua inmejorable-
mente la tensión en el interior de la opinión pública.
Pero no se trata de una opinión pública demarcada
nacionalmente: es razonable pensar que estamos
ante la primera guerra cultural global. Mucho tienen
que ver en ello las tecnologías digitales de la información, que permiten a ciudadanos de cualquier
lugar expresar sin demasiado esfuerzo su opinión en
blogs y redes sociales: para bien o para mal.

Para el filósofo esloveno Slavoj Žižek, estamos
ante un gran despertar que hará posible «un nuevo
capítulo en la historia de la igualdad». Para quienes

así piensan, las revelaciones sobre la conducta de Weinstein habrían servido para desvelar algo mucho más grave que los trapos sucios de un productor de cine: nada menos que la generalizada depredación sexual, a la vez violenta y abusiva, practicada por los varones con perfecta impunidad en el marco de la sociedad patriarcal. Si en el pasado determinadas conductas masculinas eran vistas como parte del orden natural de las cosas, estaríamos ahora viviendo el proceso por el cual son *desnaturalizadas.* Y así, cuando los hombres se miran en el espejo, ya no ven lo que solían ver. ¿O quizá sí? No hay que confundir los deseos de cambio con la transformación de la realidad; limitémonos a constatar que se está librando una guerra de significados que dista de haber concluido. Tal como señalaba *The Economist,* la creación de una nueva expectativa social difícilmente tendrá lugar si la mitad de la población –la mitad masculina– discrepa de la justicia o razonabilidad de la nueva norma. Sobre eso, en buena medida, trata este debate: nadie defiende la permisibilidad de la violación ni del abuso sexual, sino que discutimos sobre la definición de algunos de esos términos y sobre los límites de lo aceptable en un terreno cenagoso donde los haya.

No es un debate fácil ni ordenado, por lo que resulta aconsejable plantear algunas cautelas epistémicas. Para empezar, la controversia se alimenta de no pocos argumentos hipertrofiados con objeto de llamar la elusiva atención del público. Así lo admitía la escritora Catherine Millet, tras presentar a la opinión pública un manifiesto crítico con los postulados del movimiento #MeToo que también firmaron Catherine Deneuve y otras personalidades francesas. Bajo ese registro argumentativo hay que entender no solo la advertencia que ese texto lanza contra la ola puritana que amenaza con llevarnos a una «sociedad totalitaria», sino también la tesis contraria según la cual vivimos en una «cultura de la violación» caracterizada por la violencia incesante y tolerada contra las mujeres. Es inevitable: todo debate lleva implícita su propia exageración. En ocasiones, por cierto, ligeramente apócrifa: la pensadora feminista Andrea Dworkin nunca dijo que «todo acto sexual es una violación», sino más bien que «la penetración es por su propia naturaleza violenta». ¡No es lo mismo! Pero incluso quien rehúya la exageración o la manipulación tropezará con otras dificultades. Y ninguna más evidente que la adscripción tribal: el debate parece menos dirigido a la concienzuda exploración de un tema complejo que a la reafirmación ideológica de la comunidad afectiva a la que cada uno se siente ligado. Se hace así difícil el genuino intercambio de razones; quizá por eso hablamos de *guerras* culturales.

Por añadidura, en pocas ocasiones podrá decirse con más justificación que el conocimiento de cada participante en el debate es un conocimiento «situado». O lo que es igual, uno que junto a las correspondientes filiaciones ideológicas reflejará –o se verá informado por– la experiencia vital de cada individuo. No es aquí exactamente lo mismo ser hombre que mujer, guapo que feo, rico que pobre, viejo que joven. ¿Acaso no salta aquí a la vista la discrepancia perceptiva entre las distintas generaciones? Los jubilados que se socializaron en los años sesenta o setenta pueden tener dificultades para comprender algunas de las normas emergentes, mientras que a los más jóvenes les chocará la permisividad de sus mayores. Nada de eso quiere decir que no puedan formularse argumentos que aspiren a tener validez universal, ni que debamos pararnos a identificar las características personales de nuestros interlocutores. El contexto de justificación es, o debería ser, neutral respecto de nuestros rasgos personales. ¿No hay mujeres enfrentadas entre sí y hombres que comparten los argumentos del feminismo más radical? Si los argumentos son transversales, el conflicto también. Con todo, es razonable pensar que nuestra identidad y nuestra biografía influyen –sin determinar– en cómo vemos las relaciones entre los sexos. Hacernos conscientes de que así ocurre, o intentarlo, es un saludable ejercicio introspectivo.

Asimismo, puede darse en este terreno una discrepancia entre las opiniones públicas y las convicciones privadas; entre lo que se piensa y lo que se dice. Sobre esto ha llamado la atención la escritora norteamericana Daphne Merkin, quien sostiene que sus amigas feministas

dicen en público las frases «adecuadas», expresan su apoyo y se unen al coro de voces que aplauden la caída de los sujetos maléficos que hacen presa de las mujeres más vulnerables en la esfera laboral. En privado, es otra cosa. «Despierta, esto es la vida real», oigo decir a estas mismas amigas feministas. «¿Qué fue del flirteo?» y «¿Qué hay de las *mujeres* que ejercen como depredadoras?».

Tal vez las amigas de Merkin se vean afectadas por el sesgo generacional que acabamos de mencionar, aunque su preocupación por la censura horizontal no carece de justificación en la esfera digital: allí donde una frase inoportuna puede atraer en un instante la atención de un enjambre de usuarios enfurecidos. No está por ello desencaminada la periodista Katie Roiphe cuando lamenta el surgimiento de una cultura de la intolerancia impulsada por las redes sociales, fermento de una disposición persecutoria contra todos los discrepantes. A su juicio, el feminismo más radical ha encontrado en Internet el instrumento que necesitaba para apropiarse de este debate, instalando en la opinión pública la idea de que todos los hombres son culpables y todas las mujeres inocentes. En semejante contexto, ¿quién va a asumir el riesgo de decir algo mínimamente provocador u original? O incluso, ¿quién se atreverá a publicarlo? Ian Buruma, editor de la prestigiosa *New York Review of Books,* se vio obligado a dimitir después de haber dado el visto bueno a la publicación de un artículo donde el exlocutor canadiense Jian Ghomeshi describe la condena social que padeció tras haber sido acusado –aunque no condenado– de acoso y maltrato sexual por dos docenas de mujeres.

Así que Buruma quería explorar un problema: quién juzga y cuánto dura la pena de los condenados por el tribunal de la opinión pública digitalizada. Pero su exploración condujo, presiones y amenazas de boicot mediante, a su salida de la revista.

Es un efecto chocante. El movimiento #MeToo, bajo cuyo abrigo son ya multitud las mujeres que han declarado haber sido víctimas de acoso sexual en algún momento de sus vidas, quería ser lo opuesto a la censura: ha dado voz a quienes no la tenían o no se atrevían a alzarla. Es por eso irónico que la ruptura de una espiral de silencio (que aquejaba a las mujeres que no se sentían libres para denunciar el acoso sexual) haya podido venir acompañada de la formación de otra (que acallaría a quienes discrepan de algunos de los argumentos que se están poniendo sobre la mesa). En realidad, la corrección política lleva un tiempo cobrándose víctimas en este terreno: pregunten a Tim Hunt, Nobel de Ciencia que cometió el error de sugerir que el trabajo compartido en los laboratorios suele traer problemas debido a la atracción que tan a menudo surge entre los hombres y mujeres que comparten durante horas ese espacio laboral. Pero también puede ocurrir que quien denuncia no sea la persona *adecuada* o acuse a la persona *inadecuada*. Incluso pueden pasar las dos cosas a la vez: cuando el estudiante Nimrod Reitman hizo saber a las autoridades académicas de la New York University que la prestigiosa germanista Avital Ronell lo había acosado sexualmente de manera continuada y una investigación de once meses confirmó los cargos suspendiéndola durante un curso, un numeroso grupo de intelectuales liderado por los filósofos Judith Butler y Slavoj Žižek escribieron una peculiar carta al presidente de la universidad en la que defendían a Ronell «pese a que no hemos tenido acceso al informe confidencial» sobre el caso. Y, en fin, las contradicciones han sido inevitables: la actriz Asia Argento empezó siendo impulsora del movimiento y ha terminado abandonándolo por la puerta de atrás después de que trascendiera su acuerdo extrajudicial con el actor Jimmy Bennett, veinte años más joven y de quien habría abusado sexualmente en el pasado. Para la ensayista Laura Kipnis, estos claroscuros deben ser bienvenidos:

> Todo lo que hemos venido oyendo durante los últimos meses han sido historias de mujeres bajo asedio por la sexualidad masculina, retratadas una y otra vez como el género de la rectitud moral. Aunque desconocemos la verdad de lo que sucedió en estos casos, es bueno recordar que también las mujeres son de vez en cuando algo menos que virtuosas.

Nada de esto debería sorprendernos. Uno de los rasgos menos agradables de esta conversación es la tendencia a la neutralización moral del adversario, deslegitimado por razones que van desde su sexo a su adscripción ideológica, pasando por una presunta falta de conciencia crítica. Y al revés: algunos de los participantes gozan de una mayor presunción de veracidad por razón de género o filiación política. Recordemos que de las firmantes del contramanifiesto francés se ha dicho que hacen el trabajo sucio del patriarcado, mientras para los hombres discrepantes se reserva la acusación de que solo defienden sus privilegios históricos: unas no saben lo que hacen y otros lo saben demasiado bien. Pero las pasiones vehementes operan en las dos direcciones: la misma Judith Butler fue recibida en una universidad brasileña por un grupo ultraconservador que gritaba «¡Quememos a la bruja!». Una manera de interpretar estas tensiones nos llevaría al diálogo que la rockera Kim Gordon y el rapero LL Cool mantienen en «Kool Thing», canción de la emblemática banda neoyorquina Sonic Youth: Gordon quiere saber si la minoría negra ayudará a las mujeres a liberarse de la «opresión patriarcal blanca y corporativa», a lo que él responde que hay miedo: «miedo a un planeta femenino». Pero quizá no sea miedo, sino legítimo desacuerdo: que el movimiento #MeToo tenga sus razones no significa que siempre tenga razón.

Ni que decir tiene que la violencia sexual explícita es el aspecto menos interesante del debate: ¿quién podría defenderla? Es evidente, con los datos en la mano, que la peligrosidad del hombre es mayor que la peligrosidad de la mujer: para la mujer tanto como para los demás hombres. Sería injusto olvidar esta circunstancia, que sitúa en el catálogo de los temores legítimos de la mujer el miedo ancestral a ser objeto de una agresión sexual. El cine ha dado buena cuenta de ello: de *Mientras Nueva York duerme* a *El merodeador,* pasando por *El manantial de la donce-*

lla o *Perros de paja*, no son pocos los realizadores que han mostrado sin ambages la brutalidad con que algunos hombres se conducen en sus relaciones con el otro sexo. Y aunque todavía Pedro Almodóvar pudiera enfocar cómicamente una violación en *Kika* a mitad de los años noventa, que una escena así sea impensable en nuestros días dice mucho acerca del cambio operado en la cultura –o al menos en las normas del debate público– desde entonces.

Es algo que en España quedó patente durante el mes de abril de 2018, cuando decenas de miles de mujeres se manifestaron para protestar contra la sentencia que condenaba a nueve años de cárcel a un grupo de veinteañeros que se hacían llamar «La Manada», acusados de violar a una joven de diecinueve años durante las fiestas de San Fermín de 2017 en Pamplona. No solo se consideró la pena demasiado laxa, sino que se objetó con indignación que la sentencia condenase por «abuso sexual» y no por «violación». Que el Código Penal español no recoja ningún delito con ese nombre, optando más bien por distinguir entre abuso y agresión para diferenciar entre conductas de distinta gravedad con arreglo al espíritu racionalizador del derecho penal, parecía secundario: el término «violación» posee unas connotaciones afectivas que hacían intolerable su omisión en la sentencia judicial. Al mismo tiempo, el caso puso de manifiesto la dificultad que comporta definir con exactitud la violencia sexual en sus distintas formas, además de las complicaciones probatorias asociadas a algunas conductas en el marco de un proceso penal garantista.

¿Cuándo estamos en presencia de un acoso y cuándo de una maniobra de seducción, o de alguna forma de eso que solíamos llamar galantería? ¿Qué tipo de conductas son inapropiadas y para quién? ¿De qué manera habrían de regularse las relaciones entre hombres y mujeres para evitar cualquier malentendido? ¿En qué tipo de sociedad viviremos a consecuencia de ello? ¿Existe de verdad una «libertad de importunar»? ¿Y qué hay de la agencia femenina, o capacidad de la mujer para decidir libremente? ¿Qué hacemos con el deseo sexual? ¿Y con las representaciones culturales del deseo?

No hay una respuesta sencilla a estas preguntas, ya que la realidad no es sencilla sino todo lo contrario. La misma Nochevieja en que se produjo el asalto sexual en Colonia, el debate público español se interesó por el escueto vestido con que la presentadora Cristina Pedroche anunciaría las campanadas de Año Nuevo en una cadena privada de televisión. Aunque ella misma ha declarado con posterioridad que su atuendo es «feminista», por haber sido elegido por ella libremente, el episodio dejó en el aire una pregunta que ha vuelto a formularse en más de una ocasión. Por ejemplo, en conexión con las azafatas que solían trabajar en el *paddock* de las carreras de Fórmula 1 antes de que la presión de la opinión pública –o parte de ella– les dejase sin empleo por la vía de ejercer presión sobre sus empleadores. Lo mismo ha sucedido con el concurso de Miss America, cuyos organizadores han anunciado el propósito de poner más énfasis en los talentos de las concursantes que en su belleza. ¿Se degradaban las mujeres que tomaban parte en esas actividades? ¿O ejercían la libertad de explotar económicamente su belleza? La respuesta es diferente según a quién se pregunte.

Algunas de estas paradojas fueron puestas de manifiesto por la modelo y artista suiza de origen hispano-esloveno Milo Moiré, conocida por el uso de su cuerpo como instrumento de protesta. Moiré se paseó completamente desnuda por la fría Colonia, poco después de las agresiones de Nochevieja, con una pancarta que rezaba: «Respetadnos. No somos animales salvajes, ni siquiera si vamos desnudas.» Su legítima exigencia trae a la memoria una de las muchas polémicas protagonizadas por Camille Paglia, la heterodoxa feminista norteamericana que ha aconsejado a las mujeres ajustar su vestimenta al entorno en que se desenvuelven a fin de evitar incidentes desagradables o ser víctima de agresiones sexuales. Porque no sería lo mismo Nueva York que Egipto, donde un espeluznante 99,3 % de las mujeres declaran haber sido víctimas de acoso sexual (en los días previos a la huelga feminista del 8-M, no obstante, hasta dos tercios de las españolas dijeron haberse sentido acosadas alguna vez). Paglia no sostiene que esa autorrepresión indumentaria sea *deseable* ni tampoco *exigible,* sino que constata que en algunas ocasiones puede ser *recomendable*. Dicho de otro modo: Milo Moiré puede manifestarse sin riesgo para su seguridad en el centro de Colonia, pero si su *performance* se desarrollara en Riad o Kabul lo tendría más difícil. Y lo mismo vale para quien luzca un reloj de oro por las calles más peligrosas de Marsella: su propiedad privada merece respeto en cualquier circunstancia y así lo dicen las leyes, pero quizá no sea allí donde vaya a encontrarlo. Es una distinción crucial, a menudo malinterpretada en el debate público como restricción de la libertad o los derechos de la mujer.

En todo caso, ya se trate de Colonia o de los vestidos de la Nochevieja televisiva, el problema parece ser el mismo: la mirada del hombre sobre la mujer. O sea, esa *male gaze* teorizada por Laura Mulvey en su célebre ensayo sobre el cine de Hollywood, publicado en 1975 por la revista *Screen*. Haciendo uso de conceptos psicoanalíticos, su argumento principal era que el aparato del cine clásico situaba al espectador en el punto de vista masculino: el hombre miraba y la mujer era mirada. Tal como ella misma ha recordado en un reciente ensayo conmemorativo, su propósito era revelar el uso inconsciente del patriarcado en los códigos de representación fílmicos, que vendrían a reproducir y reforzar la estructura de poder vigente *fuera* de la sala de cine. El problemático reduccionismo de su tesis ha sido objeto de crítica, pero la expresión por ella acuñada se ha incorporado de pleno derecho a los repertorios conceptuales del feminismo y la crítica cinematográfica.

Sucede que algunas miradas, de puro penetrantes, terminan por generar una contramirada. Podríamos así decir que la mirada cosificadora, dominadora y fetichista del varón ha engendrado una mirada feminista –una *female gaze*– en permanente estado de alerta, dotada de los sistemas de detección necesarios para identificar la cosificación, dominación y fetichización de que sería objeto. El feminismo ha identificado ahí su tarea histórica: liberar a la mujer de la opresión patriarcal, rastreando su origen histórico y desvelando los mecanismos que la hacen posible. Entre ellos se contarían obviedades como la prohibición del sufragio femenino, pero también sutilezas como la costumbre de dejar pasar primero a una mujer al interior de un establecimiento.

Hasta las así llamadas reglas de cortesía habrían podido esconder, por tanto, patrones de sumisión. Pero ahora que ese rol subalterno ha sido denunciado y la posición social de la mujer ha cambiado notablemente, la vieja normalidad no ha sido aún reemplazada por otra nueva: vivimos entre dos mundos y la confusión es la nota dominante. En *Hacete hombre*, su personal exploración de los dilemas de la masculinidad contemporánea, el escritor argentino Gonzalo Garcés es elocuente:

> El lugar del varón no está claro. Hace años que no está claro. Hace ahora sesenta y cinco años, Simone de Beauvoir escribió en *El segundo sexo*: «Nos preguntamos qué es una mujer; para un hombre la pregunta no se plantea; la masculinidad es autoevidente.» ¿Autoevidente? Mademoiselle de Beauvoir, si usted nos viera ahora.

Y lo mismo pueden decir las mujeres que se preguntan si el apoyo femenino a la liberación sexual no ha traído consigo una forma imprevista de sumisión:

en este caso, a una cultura hipersexualizada donde el libre ejercicio del erotismo ocasional se ha convertido en una indeseable obligación. Así lo ha sugerido la psicoanalista Constanza Michelson, quien denuncia la trivialización del cuerpo asociada al hábito social del sexo esporádico, sin defender por ello –se apresura a matizar– «las viejas instituciones de lo amoroso, que también nos aplastaban». Ahora, la opresión estaría causada por unas formas eróticas que las mujeres habrían hecho suyas sin percatarse de que responden a los deseos masculinos. Eso denuncia el celebrado monólogo de *Perdida (Gone Girl),* la novela de Gillian Flynn adaptada al cine por David Fincher:

> Los hombres siempre dicen eso como el cumplido definitivo, ¿no? Es una chica *cool.* Ser la Chica Cool significa que eres una mujer sexy, brillante y divertida que adora el fútbol, el póquer, los chistes sucios y eructar, que juega a los videojuegos, bebe cerveza barata, ama el sexo anal y los tríos, devora perritos calientes y hamburguesas como si fuera anfitriona de una orgía culinaria, arreglándoselas al tiempo para mantenerse en una talla 36, porque las Chicas Cool, sobre todo, están buenas.

Para la novelista norteamericana, o para su personaje protagonista, las mujeres son las primeras responsables de este equívoco:

> Los hombres creen de verdad que esta chica existe. Tal vez sea porque hay tantas mujeres fingien-

do ser esa chica. (...) Ni siquiera fingen ser la mujer que quieren ser, sino la mujer que un hombre quiere que sean. Ah, y si no eres una Chica Cool, te ruego que no creas que tu hombre no quiere que lo seas. Puede ser una versión algo diferente –quizá es vegetariana y entonces la Chica Cool ama el seitán y los perros; o quizá es una artista *hipster,* tatuada y con gafas y lectora de cómics–. Son variaciones del modelo, pero, créeme, él quiere a la Chica Cool, que básicamente es la chica a la que le gusta todo lo que a él le gusta, y nunca se queja.

Se nos sugiere así que la mujer contemporánea seguiría definiendo una parte sustancial de su identidad a partir de la mirada del varón. Podría ser una responsabilidad compartida: Flynn viene a decirnos que buena parte del problema es que *él* quiere que *ella* sea así, aunque no siempre lo explicite; quizá porque no le hace falta. Estas ambigüedades están muy presentes desde antiguo en la vida de los campus norteamericanos, que oscilan por ello entre dos extremos: de una parte, los abusos sexuales que constituyen el subproducto de la cultura orgiástica de las fraternidades estudiantiles; de otra, el intento de protocolizar los encuentros románticos a través de una sucesión de consentimientos expresos que garantizan que ningún movimiento erótico será realizado sin el permiso de los participantes. No en vano algunos comentaristas plantean que la única forma de evitar el abuso es avanzar hacia un «consentimiento activo» que incluya una pregunta previa y una respuesta clara. ¡Adiós a Bogart! Pero ni siquiera ese grado de explicitud evitaría el problema al que alude Flynn, que es la servidumbre voluntaria –o inconsciente– a eso que ha venido a denominarse «heteronormatividad»: las normas de conducta que hemos hecho nuestras sin ser nuestras. Y sin embargo, ¿quién puede decidir por nosotros qué hemos de desear o con qué hemos de disfrutar?

De todo esto nos hemos puesto a hablar, entre denuncias y protestas, desde que Harvey Weinstein fuera denunciado. La novedad no está en las tesis, sino en el notable apoyo social que las tesis –resumidas en la idea de que las mujeres son sometidas a una presión habitual de carácter agresivo– están recibiendo. Algo que, bien mirado, solo podía suceder ahora. Es decir, en una sociedad donde las mujeres ya juegan un papel cercano al que les corresponde: porque son algo más de la mitad de la población mundial y tienen por tanto mucho que decir sobre cómo hemos de relacionarnos. Sin los formidables avances experimentados en este terreno durante el último medio siglo no estaríamos aquí. Se trata de un mérito que a las sociedades liberales no siempre se les reconoce.

2. Ambivalencias radicales

Tras la eclosión del movimiento #MeToo se han mezclado con frecuencia problemas distintos aunque inevitablemente relacionados: como si unos proyectasen su sombra sobre otros. Nadie ha salido en defensa de la violencia sexual ni ha sugerido que el chantaje laboral sea un medio legítimo para acceder al cuerpo de otra persona. ¡Solo faltaba! Ya hemos subrayado que la peligrosidad del hombre para la mujer –aunque también para los demás hombres– es un viejo dato de la cultura: Zeus rapta a Europa y arde Troya porque Paris secuestra a Helena. Pero no estamos discutiendo la legitimidad de estas conductas, aunque busquemos la manera de prevenirlas o evitarlas; el problema se plantea más bien allí donde no parecen concurrir ni violencia física ni la amenaza de sufrirla. Porque es allí, justamente, donde al decir de la crítica feminista tendría lugar una intimidación no visible que constituye el sedimento psicosocial de milenios de dominio masculino. De ahí que se hable de una «cultura de la violación» que no puede referirse únicamente a las agresiones sexuales propiamente dichas (tipificadas penalmente y socialmente rechazadas), sino a la sospecha de que la mayoría de las relaciones sexuales incorporan de manera implícita un componente intimidatorio. En esa línea apunta la veterana feminista Germaine Greer: la violación sería la manifestación más cruda del «monótono paisaje del mal sexo», que incluye una gran cantidad de sexo resignado o tolerado. El rechazo de la violencia, pues, no es la cuestión; la cuestión es cómo definimos la violencia.

En realidad, esto mismo se ha venido planteando, de manera intermitente, durante las últimas dos o tres décadas. Existen precedentes como los de Anita Hill en Estados Unidos o Nevenka Fernández en España, cuyas denuncias del acoso sexual practicado por sus superiores no llegaron demasiado lejos. Ahora, se tiene a veces la impresión de que vivimos justamente lo contrario: el debate público ha pasado a incorporar nombres propios con una facilidad pasmosa sin el debido respeto a la presunción de inocencia o el derecho a la privacidad. Ahí tenemos el caso de Woody Allen, del que tantas actrices reniegan ahora sin más razón que la nueva impresión anímica que produce hoy un presunto caso de abusos infantiles para los que no se encontró fundamento hace un cuarto de siglo. O la denuncia anónima contra el actor y director norteamericano Aziz Ansari, al que una fotógrafa de veintitrés años acusaba en la web feminista *Babe* de conducta sexual inapropiada en el curso de una cita. El caso es revelador: de acuerdo con ese relato, él se mostró demasiado insistente y ella habría dado muestras de reticencia a través del lenguaje no verbal; una expresión de incomodidad que Ansari no habría percibido o a la que habría hecho caso omiso. Para unos, el caso no es más que una «mala cita», una experiencia que no es desconocida para nadie; otros, en cambio, ven en el episodio un patrón sexista que tiene que ver con las expectativas sociales acerca de lo que un hombre *puede* esperar de una mujer y lo que una mujer *debe* esperar de un hombre: disponibilidad en el primer caso, agresividad en el segundo. De lo que no cabe duda es de que la intimidad ha muerto: leemos con naturalidad sobre la vida íntima de los otros mientras nos tomamos un refresco en el salón.

¿Mala cita, entonces, o violación frustrada? ¿Humano desencuentro o intimidación masculina? ¿Saludable incertidumbre de los encuentros eróticos o inquietante ausencia de fronteras prefijadas? Las distinciones son borrosas y ello plantea un elemental problema de legibilidad: de interpretación de los signos que están a la vista. Tras la gala de los Globos de Oro en la que el gremio hollywoodense protestó contra el acoso sexual, Daphne Merkin se hizo varias preguntas:

> ¿De qué se acusa exactamente a los hombres? ¿Cuál es la diferencia entre acoso, asalto y «conducta inapropiada»? Hay una inquietante falta de claridad acerca de los términos empleados, dado el espectro de conductas objetables existente. ¿No debería el acoso sexual, por ejemplo, conllevar un cierto grado de hostilidad? ¿Constituye necesariamente una con-

ducta predatoria dar un beso a alguien, o enseñarle la foto de un torso masculino desnudo?

Merkin tiene sesenta y tres años. Al otro lado del arco generacional, la escritora inglesa Laurie Penny –que está en los treinta y dos– interpreta el caso Aziz, así como todo el movimiento #MeToo, de manera muy distinta: como un cuestionamiento de las reglas del juego sexual que han venido proporcionando ventaja a los hombres. Y escribe:

> No debemos ser maleducadas. No debemos enfadar o amenazar al hombre. Debemos decir que no cuando así lo sentimos, pero con cuidado de no ofenderle ni amenazar su masculinidad, porque dios sabe lo que sucedería entonces. Y ahí es donde el contraataque ha sido contraproducente. En lugar de poner en evidencia a un movimiento que habría ido demasiado lejos (...) la historia de Aziz/Grace ha suscitado un nuevo debate acerca de lo que esperamos del sexo *incluso cuando es técnicamente consensual*. Así que estamos lejos de haber terminado con este asunto. [La cursiva es mía.]

Penny alude al manifiesto encabezado por Deneuve y Millet. En él, se plantea un contrarrelato que, a partir del inequívoco rechazo a toda forma de intimidación, desproblematiza las relaciones sexuales ordinarias en términos a ratos provocadores («una mujer puede disfrutar de ser el objeto sexual de un hombre sin ser una "zorra" ni una vil cómplice del patriarcado») y a ratos tradicionalista (cuando habla de la «galantería»). Una de sus expresiones más controvertidas es la defensa de una «libertad de importunar» que, a juicio de las firmantes, no puede separarse de la libertad sexual. Criminalizar la iniciativa masculina, sugieren, sería descabellado; de esa libertad disfrutarían además tanto los hombres como las mujeres. En una entrevista concedida tras la publicación del manifiesto, Millet subraya la ambigüedad inherente a los procesos de seducción:

> Cuando me ha intentado seducir un hombre, a veces he sentido una atracción que no era lo suficientemente grande para ceder de inmediato. Un momento de duda... A veces terminas cediendo y otras, no. Mientras que esas mujeres dicen que un no siempre es definitivo, yo creo que hay matices. A veces, los hombres tienen una oportunidad si insisten una segunda vez.

Es algo que también ha señalado el historiador de las emociones Javier Moscoso cuando, en el curso de su indagación sobre las pasiones vigentes en la Francia revolucionaria, señala que la exégesis facial que permite diferenciar entre una mirada cándida o un parpadeo insinuante no es «por desgracia» una ciencia exacta: «Más bien al contrario, las actitudes, rasgos y gestos de la mayor parte de las personas tienen lugar en el contexto de un teatro performativo del que no cabe extraer conclusiones definitivas.» Y así es. Pero cabe matizar –después volveremos a esto– que

Moscoso escribe sobre una época en la que estaba vigente un régimen intersexual diferente al nuestro. De hecho, lo que demandan muchas feministas es introducir una mayor claridad en las reglas que organizan actualmente las relaciones amorosas y eróticas entre hombres y mujeres: para que sea posible extraer conclusiones definitivas sobre quién desea qué.

En ese sentido, es llamativo que el texto escrito por la feminista Caroline de Haas en respuesta al contramanifiesto de Millet y compañía se centrara en la aparente frivolidad con la que aquellas abordarían el problema de la violencia, hasta el punto de «despreciar *de facto* a los millones de mujeres que sufren o han sufrido ese tipo de violencia». Para evitar malentendidos, Catherine Deneuve ha pedido expresamente disculpas a las víctimas, manteniendo sin embargo su apoyo al escrito original. En realidad, lo que dice el manifiesto es que la mujer no tiene por qué situarse *necesariamente* en el papel de la víctima: algo que vale para las «malas citas» e incluso, a juicio de Millet, para quien ha sufrido una violación. Esta arriesgada hipótesis es la que pone en escena el director holandés Paul Verhoeven en *Elle,* película protagonizada por Isabelle Huppert acerca de una mujer de clase media-alta que, violada por un desconocido, decide *ignorar* el suceso. Pero Millet está expresando con ello un *desideratum* –que ni siquiera en caso de ser sexualmente agredida la mujer se «ate» a su sufrimiento– antes que una receta o un mandamiento.

Sea como fuere, según ha anotado la periodista Masha Gessen, la discusión ha ido abandonando gradualmente el terreno de lo objetivable para adentrarse en el ámbito de las normas no escritas y las intenciones no declaradas. Esto es problemático:

> El debate que estamos teniendo acerca del sexo comenzó con incidentes que implicaban una clara coerción, intimidación y violencia. Paradójicamente, parece haber creado la impresión de que el consentimiento significativo es elusivo y quizá imposible.

Aunque parezca que estamos avanzando, añade, quizá estemos retrocediendo a una era más restrictiva sexualmente hablando: una era donde la mujer carecía de agencia o capacidad de acción propia. Para Gessen, la victimización de la mujer es un error moral que no refleja la realidad psicosocial de nuestro mundo, donde la capacidad decisoria de la mujer ha aumentado espectacularmente en el último siglo y no digamos desde la segunda posguerra mundial. En palabras de Pablo de Lora:

> Haríamos un muy flaco favor a la causa de la emancipación de las mujeres si, *per definiens,* o aduciendo presuntas razones estructurales o «sistémicas», afirmáramos que *todas* las mujeres están *siempre* en una situación de vulnerabilidad en sus relaciones con los hombres, y que, por tanto, cualquier acercamiento motivado por el deseo sexual constituye un ilícito moral y, eventualmente, jurídico.

Bien, pero ¿es suficiente con que la mujer haya ganado capacidad de decisión? Laurie Penny cree que no: el objetivo final sería eliminar la relación entre sexo y poder. En otras palabras, alcanzar una genuina liberación sexual basada en la plena igualdad entre hombres y mujeres, superando así la miseria erótica en la que malvivimos:

> Esto significa que una gran parte del sexo que es técnicamente consensual resulta, sin embargo, funesto y decepcionante; sobre todo para las mujeres implicadas. Por eso la demanda de mejor sexo es también revolucionaria.

¡Mejor sexo! En principio, este argumento tiene poco que ver con la victimización. Desde este punto de vista, el caso Aziz debería ser interpretado no como una mala cita, sino como un típico encuentro sexual que manifiesta los problemas estructurales de la relación erótica entre hombres y mujeres. Siguiendo a Penny, lo problemático en las declaraciones de Millet es por tanto su afirmación de que, si el hombre insiste, la mujer termina «cediendo»; problemático porque sitúa a las mujeres en una posición paradójica de decisión pasiva. ¿Qué es eso de «ceder»? El deseo de la mujer tiene que situarse en pie de igualdad con el deseo del hombre y esa igualación, a su vez, habría de encontrar reflejo en las normas sociales sobre la seducción. Volveremos sobre esto con más detalle cuando introduzcamos el espinoso tema de los condicionantes biológicos, pero detengámonos por el momento en la cuestión del poder.

Millet no describe una situación en la que la mujer carezca de poder; solo constata que la codificación del proceso de seducción deja al hombre la iniciativa. En realidad es ella, salvo cuando median intimidación o violencia, quien decide: quien «cede» o no ante la oferta masculina. El argumento de Penny es algo banal: sería mejor que todo fuese mejor. Y mejor para todos, incluido el hombre al que ninguna mujer hace caso. La pregunta es si esa transformación puede tener lugar: si hombres y mujeres pueden conducirse de la misma forma, con arreglo a idénticas estrategias, en este terreno. Ya sea por razones biológicas, culturales o por una combinación de ambas, el hombre suele adoptar una actitud –¿predatoria?– mucho más explícita a la hora de presentar su candidatura. Eso sitúa a la mujer en una posición que no tiene incentivos para rechazar: si hablamos en términos económicos, no necesita «pagar» el coste de la iniciativa; le basta con elegir entre sus ofertantes. Dicho esto, la mujer puede señalizar de muchos modos su disposición ante el hombre que le interesa y también asumir la iniciativa. ¡Arde Tinder! Sencillamente, no suele tener la *necesidad* de hacerlo: es un coste de oportunidad que puede ahorrarse.

En el viejo régimen matrimonial, tal como ha mostrado la socióloga Eva Illouz, también la mujer decidía a quién se entregaba como esposa. Y por eso, en perceptiva anotación del sociólogo Georg Simmel, se prolongaba la fase de coqueteo: mientras durase, la mujer gozaba de un poder que luego perdía debido a la posición de superioridad que la ley concedía al *pater familias*. Pero no se trataba de una organización institucional caprichosa, sino de un ejercicio de realismo orientado a la canalización de los impulsos sexuales y las necesidades reproductivas; a costa, claro, de la libertad individual. En el momento de mayor esplendor biológico, hombres y mujeres eran sometidos a la disciplina del matrimonio sin divorcio, del que se esperaban hijos y por tanto tempranas responsabilidades: he ahí un «diseño inteligente» que, so pretexto de respetar las tradiciones, creaba un orden social estable aunque represivo y desigualitario. Es la gradual disolución de ese orden lo que nos ha arrojado últimamente a un régimen difuso de interacción sexual, marcado por la aparición de un mercado libre de encuentros amorosos al que sin embargo no se encuentra asociada garantía alguna de acceso al matrimonio. En ese espacio, así como en el que se abre allí donde se funda una familia, el poder juega inevitablemente un papel. Pero ¿quién ostenta ese poder?

Ya hemos mencionado al hombre al que las mujeres no hacen ningún caso. Podemos añadir que las relaciones sentimentales conocen muchas combinaciones posibles y no es tan rara aquella en que la mujer dispone y el hombre obedece. Seguramente el sexo cuenta menos que el carácter para determinar qué tipo de equilibrio se configura en cada caso: la más somera observación de nuestro entorno inmediato revelará ejemplos variopintos y desmentirá la idea de que la mujer está *por definición* sometida al hombre. Asunto distinto es la atracción sexual que ejerce el poder mismo, que admite muchas variantes: económico, político, artístico. Recordemos aquella canción de The Modern Lovers que tomaba a Picasso como emblema del carisma sexual: «Algunos tratan de ligarse a una chica / Y son llamados imbéciles / Eso nunca le sucedió a Pablo Picasso / Podía bajar por tu calle / Y las chicas no resistían su mirada / A Pablo Picasso nunca le llamaron imbécil.» Y por más que la deprimente vulgaridad de Donald Trump asomara en aquellas frases suyas sobre cómo «las mujeres se dejan hacer cualquier cosa cuando eres famoso», no dejaba de apuntar hacia un fenómeno bien conocido: no hay millonario soltero ni estrella del rock que duerma sola. Quizá Aziz abusó de ese poder; quizá la chica que salió con él se sintió inicialmente atraída por su celebridad; quizá no pasó ninguna de esas dos cosas. En *The Square,* la película de Ruben Östlund, el director de un museo plantea esa pregunta a la periodista con la que ha pasado una noche: «¿Por qué no asumimos que el poder es atractivo?» Un poder que no está en absoluto restringido a los hombres: ahí tenemos a Simone de Beauvoir seduciendo con cuarenta y cuatro años al joven de veintisiete Claude Lanzmann en la Francia de los cincuenta. ¿Acaso seducir no es, inevitablemente, ejercer una forma de poder? Un poder, como casi todos, desigualmente repartido.

En este contexto, no parece fácil conseguir que las relaciones sexuales estén basadas, sin excepción, no ya en un consentimiento auténtico y explícito, sino en una perfecta igualdad de las voluntades. Es verdad que si ese ideal llegara a realizarse quizá desaparecieran por el camino aspectos de las relaciones entre los sexos que les confieren parte de su atractivo: todo aquello que asociamos con los juegos de la seducción y, como veremos más adelante, con los aspectos abismáticos del sexo. Pero lo que dicen voces como la de Laurie Penny no es necesariamente que debamos acabar con esa dimensión «extática» de la interacción erótica. De ahí su énfasis en desmentir toda sexofobia:

> No somos desfallecientes damas victorianas. No odiamos el sexo. Amamos el sexo y amamos a los hombres, ¿de acuerdo?

Su queja se dirige más bien contra la «injusticia sexual» que supone el hecho de que las mujeres sigan un guión invisible escrito por los hombres. Ignoramos si la cultura tiene la capacidad de eliminar las diferencias que muchos científicos encuentran en las conductas sexuales de hombres y mujeres. Y, si eso fuera posible, si lo sería también suprimir el papel que juega en las relaciones entre sexos la distribución –inevitablemente asimétrica– del capital erótico. Hay, nos guste o no, muchas clases de injusticias.

3. Hombres monstruosos

Hay una escena en *La gran estafa americana,* la película de David O. Russell, que reúne en un despacho al agente del FBI interpretado por el apuesto Bradley Cooper y a una estafadora a la que da vida una provocativa Amy Adams: el primero quiere que esta y su compinche engañen a unos políticos corruptos de Nueva Jersey. La tensión sexual entre ellos no es pequeña y, en este encuentro, Adams finge querer seducir a un Cooper tan desconcertado que llega a preguntarle si está jugando con él. Ella está sentada en el borde de una mesa, en una postura insinuante, y cuando él se aproxima parece que las pasiones van a desbordarse. Por distintas razones, sin embargo, él debe controlarse y así lo hace, no sin dificultades, emitiendo un sonoro resoplido animal y retrocediendo unos pasos mientras trata de rebajar su excitación. Quien desee saber cómo evoluciona esta divertida trama de engaños cruzados, habrá de ver la película. Lo que aquí nos interesa es la economía con la que esta escena sintetiza la larga historia de la autorrepresión sexual, o lo que es igual, el control civilizatorio de los impulsos carnales más elementales: como el agua fría que aplica a sus genitales Robert de Niro tras ser besado por su esposa, en un momento de *Toro salvaje* en el que Jake LaMotta debe ahorrar fuerzas antes de una pelea. Se antoja difícil que esos impulsos puedan suprimirse, pues su existencia tiene que ver en último término con el instinto reproductor de la especie; de donde cabe concluir que será asimismo imposible neutralizar por completo aquello que es problemático en las relaciones entre sexos. El debate habrá de girar en torno a los códigos que regulen esa constante fricción. Y en eso, más o menos, estamos.

La referencia a Hollywood no es casual. Se trata de una industria del deseo que ha ayudado a definir las formas de la sexualidad, haciendo circular imágenes con fuerte capacidad prescriptiva acerca del modo en que nos miramos y nos relacionamos. Allí ha nacido también la campaña #MeToo y han proliferado las acusaciones de «conducta inapropiada» dirigidas contra actores y directores: de Casey Affleck a Morgan Freeman. En una celebrada comparecencia, la actriz Natalie Portman ha denunciado el «terrorismo sexual» del que fue objeto tras su temprano debut en la industria:

Comprendí pronto, con apenas trece años, que me sentiría insegura si me expresaba sexualmente. Y que los hombres se sentirían, para mi disgusto, con el derecho a discutir y cosificar mi cuerpo. Así que ajusté mi conducta enseguida. Rechacé cualquier papel que tuviera incluso una escena con beso y hablé explícitamente de esa decisión en las entrevistas. Enfaticé cuán lectora y seria soy. Y cultivé un estilo elegante de vestir. Me construí la reputación de ser mojigata, conservadora, rarita, seria, en un intento por sentir que mi cuerpo estaba a salvo y mi voz sería escuchada.

La expresión puede ser desafortunada. Existen mujeres que padecen un auténtico «terrorismo sexual» en lugares del mundo donde los derechos fundamentales están lejos de garantizarse y secuestros, violaciones y asesinatos son demasiado frecuentes; quizá no estaría de más moderar el vocabulario, a fin de acomodar esa dramática diferencia sociopolítica. Pero volviendo al asunto: Portman no es la primera mujer que sufre un *shock* en contacto con la industria del cine, donde la cosificación del cuerpo femenino es un elemento habitual de las estrategias representativas y publicitarias. David Thomson se ha referido en más de una ocasión a la historia de la jovencísima Lauren Bacall, descubierta por la mujer de Howard Hawks en una revista de modas y *arrojada* a un *playground* masculino liderado por el director y su compinche Humphrey Bogart, con quien terminaría casándose. También es reciente la controversia alrededor de las escenas eróticas de *El último tango en París,* en las que su joven protagonista, Maria Schneider, no habría participado –según sus declaraciones posteriores– con pleno consentimiento. Reflexionando sobre el papel de la sexualidad en *The Deuce,* la serie televisiva de David Simon sobre la prostitución y el cine pornográfico ambientada en el Nueva York de los años setenta, la escritora y crítica Hannah McGill se hace estas preguntas:

> Al preocuparme por Lori, el personaje, ¿debería también preocuparme por Emily Meade, la actriz de veintiocho años que la interpreta? ¿Fue forzada por hombres mayores y más poderosos que ella a mostrar sus pechos o simular sexo? ¿Se arrepentirá algún día? Y si lo hiciera, ¿es asunto mío?

O lo que es igual: ¿está esa actriz actuando libremente, o nadie que con esa edad interprete ciertos papeles consiente libremente en hacerlo? ¿Debería, quien no desea ser cosificada, dedicarse a otra cosa? ¿O debe Hollywood cambiar radicalmente? ¿Incluiría ese cambio la exclusión de toda forma de cosificación cinematográfica, incluida la de los personajes masculinos? La naturaleza destructiva de Hollywood no es un secreto; es el tema principal de *El crepúsculo de los dioses, Según venga el juego* o *Mulholland Drive*. En el cine, así como en otras variantes de celebridad, el ojo público puede ser insoportable. Y los rodajes, como recordaba el director alemán Volker Schlöndorff al salir en defensa de Dustin Hoffman frente a los cargos sexuales presentados contra él, son experiencias intensas donde las *liaisons* resultan moneda corriente: quien trafica con el deseo no siempre es inmune a él. Huelga decir que nada de esto justifica ni ampara la coacción o el abuso de poder, para cuya denuncia deben arbitrarse los canales que sean necesarios.

Ahora bien, lo que ya planteaba el seminal artículo de Laura Mulvey sobre la «mirada masculina» en el cine clásico es algo distinto. Mulvey escribía que en un mundo marcado por el desequilibrio entre los sexos, el placer de la mirada se divide entre un hombre activo y una mujer pasiva, de manera que el primero proyecta su fantasía sobre la segunda. En el cine narrativo, la presencia de la mujer es «un elemento indispensable del espectáculo», si bien su presencia milita contra el desarrollo de la trama al paralizar el flujo narrativo en momentos de contemplación erótica. Así que la mujer, sexualizada y exhibida, sería objeto de atención por parte de los personajes y espectadores masculinos. Esta fetichización constituye, para Mulvey, un mecanismo de dominio patriarcal inseparable del placer visual proporcionado por el cine. De manera que esta forma artística se convierte en el vehículo privilegiado para el instinto escopofílico, aquel que extrae placer de la contemplación de otro sujeto como objeto erótico. Y aunque estos mecanismos no son exclusivos del cine, el lugar central que ocupa en este la mirada permitiría su expresión superlativa. Para Mulvey, las mujeres habrían de dar la bienvenida al declive del cine clásico, mientras que correspondería al cine independiente ofrecer un contrarrelato eficaz mediante un cine nuevo capaz de representar a la mujer de otra manera. Un buen ejemplo de este camino alternativo fue *Wanda,* película dirigida por la también actriz

Barbara Loden en 1970 con un presupuesto ínfimo. Loden, esposa de Elia Kazan fallecida a los cuarenta y ocho años de un cáncer, interpreta en ella a una mujer que carece de voluntad propia y depende de los hombres con que se va encontrando. Pero incluso esta película fue objeto de la crítica feminista de su tiempo, que tuvo dificultades para entender la contribución que podía hacer para su causa el retrato de una mujer sin atributos; hoy es una obra de culto.

La influyente tesis de Mulvey presenta, sin embargo, algún punto débil. Por una parte, minusvalora la variedad de las representaciones de la mujer en el Hollywood clásico, donde nos encontramos con las vigorosas heroínas de la *screwball comedy* de los años treinta (con los papeles de Katharine Hepburn a la cabeza), las mujeres coraje del melodrama *noir* de los cincuenta (ejemplificadas en la Joan Crawford de *Mildred Pierce)* o incluso algunas «jefas» del *western* (la propia Crawford en *Johnny Guitar,* la Marlene Dietrich de *Encubridora).* Y antes de que el Código Hays restringiera los contenidos permisibles, ahí tenemos a la ambiciosa Lily Powers (Barbara Stanwyck) de *Carita de ángel,* quien, a modo de venganza por el trato recibido de los hombres cuando trabajaba como camarera en una ciudad de provincias, utiliza su conocimiento de las debilidades masculinas para ascender empresarialmente sin el menor escrúpulo. Pero ¿puede pedirse a aquel Hollywood que estuviera *por delante* de su época y representase a una mujer que aún no existía? Tal como apuntara Stanley Cavell, el modelo femenino de las comedias de los años treinta es a la vez expresión de la «agenda oculta de la cultura» y un factor de transformación a través del ejemplo: la avanzadilla de un cambio que había de llegar y terminó por llegar.

Igualmente, convendría preguntarse si ese cine clásico no creaba también estereotipos masculinos de los que el varón podría considerarse «víctima»; aunque fuera menos víctima que la mujer. Del cowboy al gángster, pasando por el galán y el aventurero, también al hombre de su época se le ofrecía un modelo con arreglo al cual comportarse; modelo del que se derivaban asimismo expectativas y limitaciones: no comportarse como un *loser,* ser capaz de sostener a una familia, no mostrar los propios sentimientos. También aquí, en definitiva, existía un modelo sexual al que no todos los hombres se ajustaban fácilmente. Ha tenido que pasar mucho tiempo, ciertamente, para que el Jeff Daniels de *Una historia de Brooklyn,* dirigida por Noah Baumbach en 2005, se sienta acomplejado ante el éxito artístico y económico de su exmujer.

Nada de lo anterior invalida la tesis de Mulvey, que retiene toda su fuerza a pesar de la evidente imposibilidad de verificar sus premisas psicoanalíticas. Pero el apoyo del psicoanálisis tampoco es imprescindible: una de las acusaciones que dirige la escritora norteamericana Claire Dederer contra Woody Allen en una controvertida pieza sobre «el arte de los hombres monstruosos» es, sencillamente, que sus personajes femeninos están cincelados con una mirada sexista. Que es lo mismo que se ha dicho últimamente de Philip Larkin, John Updike o Philip Roth, presentados como escritores «ilegibles» de puro machistas. Dederer se centra en *Manhattan,* donde el maduro profesor interpretado por Allen tiene una relación sentimental con una estudiante de diecisiete años a la que da vida la fallecida Margot Hemingway. Dado que muchos de los amigos de Dederer no ven ahí inconveniente alguno, ella se pregunta: «¿Qué están defendiendo estos tipos exactamente? ¿Es la película? ¿O es otra cosa?» Esto es: ¿defienden la posibilidad de seducir a una mujer mucho más joven sin reconocer que el consentimiento femenino está viciado en estos casos por un abuso implícito de poder? Pero ¿por qué ese consentimiento ha de estar viciado? ¿Quién lo decide? En *Amante por un día,* el cineasta francés Philippe Garrel relata una historia similar, solo que en una de las escenas se hace explícito que fue ella, la estudiante, quien persiguió sin tregua al profesor hasta seducirlo. ¿Tenía el profesor el deber moral de rechazarla? ¿Han de prohibirse las relaciones intergeneracionales? ¿Cómo habría de ejecutarse esa prohibición?

Dederer circunscribe su reflexión a los artistas que son, o parecen ser, depredadores sexuales. Y cita, entre otros, a Picasso y a Polanski. Sobre este último sigue pesando una orden de detención en Estados Unidos, acusado de haber abusado sexualmente de una chica de dieciséis años en 1973. Es desconcertante que Polanski sea autor de la película que con mayor acierto ha puesto en imágenes la angustia de la mujer ante una mirada masculina que la convierte en objeto de deseo a su pesar: hablamos de *Repulsión,* estrenada en 1965 con una deslumbrante Catherine Deneuve en el papel protagonista. La misma Deneuve, sí, que ha defendido estos días «la libertad de importunar» frente a la obligación de autorizar... Sobre esto, el propio cine francés nos ofrece un subyugante estudio de caso en *La rodilla de Clara,* film de Éric Rohmer cuyo maduro protagonista es objeto de atracción para una adolescente y se siente, a su vez, atraído por otra: a la primera, cuyos flirteos sabe inexpertos, él mismo le da una lección (moral); la segunda, en cambio, le ignora (sin razones morales de por medio). ¿Qué habría pasado si la atracción por esta última hubiese sido mutua? Por aconsejable que hubiera sido otra lección, no podemos darla por supuesta: quizá el hombre maduro habría sucumbido a sus propios deseos. Ahí, para Dederer, está el problema: el problema del hombre. «¿Acaso creemos que los genios son merecedores de una dispensa especial, de un permiso conductual?», se pregunta.

Si revisáramos la vida de los grandes autores del pasado con arreglo a este criterio, desde luego, muchos no pasarían el corte. Buñuel se mostraba celoso y posesivo con su esposa, mientras filmaba gloriosos cantos a la libertad personal; Albert Camus disfrutaba de múltiples amantes, pese a tener esposa y dos hijos; de Hemingway, macho oficial de la literatura universal, mejor no hablar. En todos estos casos, se presume que el hombre puede hacer y deshacer mientras la mujer mira para otro lado. Y eso es justamente lo que recomienda la señora que regenta una cafetería de la Toscana al personaje que interpreta Juliette Binoche en *Copia certificada,* la película de Abbas Kiarostami: «Ellos tienen su trabajo, sus amigos... y sus amantes. ¿Nosotras? Nosotras, mientras, vivimos nuestra vida.» Es un pragmatismo *ancien régime* que no acaba de convencer a su interlocutora, pero que introduce –siquiera sutilmente– una variante del problema que plantea Dederer: ¿y si no se trata de que los *artistas* sean monstruosos, sino de que lo sean los *hombres?* Bien pudiera ser que el poder asociado a la reputación artística permitiera a esos hombres «especiales» hacer lo que otros hombres «normales» también harían, ¡si pudieran! Aquellos pueden entonces ser casos extremos, pero extremos representativos de aquello que en la sexualidad masculina resulta irritante o desagradable. Para el escritor canadiense Stephen Marche, quien publicó un controvertido artículo en *The New York Times* sobre el asunto, todos los varones se encuentran hermanados por la grotesca naturaleza de su libido. Así las cosas, ¿y si una parte de la crítica feminista estuviera dando salida a un sentimiento de rechazo hacia las formas que adopta *en sí mismo* el impulso sexual del hombre? ¿Y si a muchas mujeres no les gusta cómo se comporta el hombre? ¿O, si no *el* hombre, en todo caso *demasiados* hombres?

Entrevistado por *Financial Times* acerca de *Shame,* película sobre un hombre de sexualidad desbocada y emocionalidad torturada, el director afroamericano Steve McQueen dijo dos cosas interesantes.

En primer lugar, que es un tema fascinante sobre el que casi nadie habla:

> ¡Seamos realistas! Tantas decisiones importantes en el mundo están relacionadas con los apetitos sexuales de hombres importantes... Ya se trate de JFK, Clinton o Martin Luther King. Es lo que somos. Es parte de nosotros. Pero a veces la gente se siente azorada por sus placeres.

En esa lista se encuentra también Dominique Strauss-Kahn, que iba para presidente de Francia antes de que se hiciera pública su monomanía sexual, explorada con brillantez entre nosotros por Juan Francisco Ferré en su novela *Karnaval*. También cuenta McQueen que recibió muchas cartas tras el estreno, algunas de agradecimiento y otras menos confesables. Cuando el periodista le pregunta qué piensan las mujeres de su película, su respuesta –la entrevista es de 2014– es de una franqueza chocante:

> No sé cuánto saben las mujeres, o cuánto quieren saber, acerca de los apetitos sexuales masculinos. Un amigo mío fue a ver la película con su esposa, quien le preguntó: «¿Estas cosas pasan de verdad?» Y él respondió: «No, no, solo es una fantasía, cosas del cine.»

La carcajada de McQueen, añadía el periodista, sugiere lo contrario. Viene a la memoria el protagonista de *El teatro de Sabbath,* la novela de Philip Roth. Aficionado al sexo casual y al adulterio, Mickey Sabbath no puede evitar preguntarse «quién se está follando a esta mujer» al entrar de tapadillo en una casa, igual que el dudoso héroe de *Shame* busca el contacto visual con cualquier mujer atractiva con la que se cruza: en el metro, en un bar, por la calle. ¿Es esto condenable, si todas las relaciones que resultan de esta incesante actividad erótica son consensuadas? Si es condenable, ¿en nombre de qué? ¿Hemos de legislar sobre el deseo sexual? ¿Podemos hacerlo?

No puede descartarse que en esto haya, sobre todo, un fuerte componente generacional. Cuando a comienzos de 2018 salió a subasta la extraordinaria colección de literatura y parafernalia erótica del director de cine Luis García Berlanga, su propio hijo justificaba su atesoramiento en razón del momento cultural que vivió su padre: por aquel entonces, ellos eran así. ¿Podría hoy estrenarse sin controversia una película como *Tamaño natural,* en la que Berlanga retrata la obsesión de Michel Piccoli por una muñeca hinchable que le conduce al suicidio? ¿Y qué hay de *El amante del amor,* de François Truffaut, cuyo protagonista se dedica a la seducción en serie a tiempo completo?

Ya se ha dicho que esta diferencia biográfica quizá nos ayude a explicar el contraste entre las mujeres que ven en la campaña #MeToo una amenaza para la liberación sexual alcanzada en los sesenta y las que postulan que la lucha contra el acoso sexual es la última etapa de esa liberación. Otra posibilidad, claro, es que no se trate de generaciones sino de momentos vitales. O sea, que un itinerario personal más largo ayude a ver las cosas –incluidas *estas* cosas– de otro modo. «No deberías hablar de eso con tanta seguridad, y menos a tu edad», dice un padre a la hija adolescente que se lanza a opinar sobre el intento de suicidio de una mujer relacionada con ellos en *El pasado,* el film del iraní Asghar Farhadi. A lo que hay que sumar las diferencias culturales entre los puritanos Estados Unidos y la licenciosa Europa. Todo suma; o nada resta.

Sin embargo, en modo alguno debe pasarse por alto que el instinto sexual masculino es, asimismo, un problema para el hombre. Pocas novelas contemporáneas comienzan con tanta fuerza como *Desgracia,* de J. M. Coetzee: «Para un hombre de su edad, cincuenta y dos años, divorciado, le parecía haber resuelto bastante bien el problema del sexo.» Habla del protagonista, un profesor de universidad divorciado que pasa una tarde cada semana con una prostituta por la que dice haber desarrollado un cierto afecto. Pero lo significativo es que hablemos del sexo como de un «problema» a resolver; algo, en definitiva, que no puede soslayarse: «el problema del sexo». Podríamos decir lo mismo de la mujer: también para ella la falta de actividad sexual es un problema que demanda una solución. Sin embargo, los datos que nos ofrece la realidad parecen apuntar en otra dirección, por más políticamente incorrecta que resulte en una época caracterizada por el discurso de la igualdad. Ya se entienda esta como igualdad biológica o se considere que esta ha sido alterada por siglos de educación patriarcal: la disparidad entre los sexos parece existir cuando de sexo hablamos. Ahí tenemos, entre otras cosas, la desconcertante permanencia en el tiempo del impulso sexual masculino, responsable, por ejemplo, de que tantos japoneses mayores de sesenta años hagan uso de una industria sexual nacional que, por razón del envejecimiento de su clientela, prima ahora los servicios menos explícitos y más suaves: desde hablar con mujeres jóvenes a tumbarse junto a ellas.

Recordemos que la web de contactos Ashley Madison, presuntamente especializada en poner en contacto a potenciales adúlteros, fue víctima de un espionaje que acabó con la revelación pública de la identidad de sus usuarios en abril de 2015. Tan significativo como la gran desproporción entre hombres y mujeres, abrumadoramente favorable a los primeros, fue el hecho de que la identidad de la mayoría de los perfiles femeninos resultara ser *falsa*. ¡Qué extraordinaria metáfora! Miles de varones persiguiendo fantasmas virtuales, creaciones enfermizas de su deseo, delante de la pantalla... Igualmente, la mayoría de los usuarios del mercado de la prostitución son varones. Es innecesario recordar que no hay mujeres pederastas, ni apenas agresoras sexuales. Y no hace mucho que la prensa se hizo eco del fracaso comercial de la anunciada como «Viagra femenina», fármaco que como su nombre indica tiene por objeto estimular el deseo sexual de la mujer. Parece indudable que hay ahí una carga, un fardo biológico que la cultura, con sus virtudes ordenadoras, no ha conseguido aliviar del todo: la especie se hace presente en el individuo y este no consigue sacudírsela. Tiene sentido preguntarse si los hombres monstruosos no están a merced de unas pulsiones que se muestran incapaces de dominar. O que –volvamos al resoplante Bradley Cooper– se esfuerzan por controlar con éxito desigual.

Nos quedamos así a las puertas de un interrogante central, que es el relativo a la naturaleza de la diferencia sexual que aquí se insinúa: la que separa el deseo masculino del femenino. O, al menos, la que *parece* separarlos. ¿Existe realmente esa diferencia, o estamos ante un producto de la cultura? ¿Hay una mirada femenina, igual que hay una masculina, o la distancia entre ambas está llamada a acortarse a medida que la igualdad socioeconómica modifica el entorno en que nos socializamos? ¿Tiene la diferencia un fundamento biológico? Si lo tiene, ¿cabe modularla a través de la cultura y las normas sociales? ¿Hasta qué punto? Y si pensamos en los «hombres monstruosos», ¿no pueden evitar ser como son, o sí, o solo en alguna medida? Finalmente: aunque concluyamos, con las estadísticas en la mano, que la sexualidad masculina propende a una mayor agresividad, ¿convierte eso a todos los varones en abusadores en potencia o se está procediendo aquí a realizar una generalización improcedente? En suma: ¿es la biología el último refugio del patriarcado?

4. Economías del deseo

Si la mirada masculina es el problema, ¿por qué no corregirla? Para buena parte del feminismo, las raíces biológicas de nuestra conducta sexual ceden ante la plasticidad cultural de un ser humano que carece de esencia. Predomina la idea de que las normas sociales (que van modulando nuestra percepción de la realidad) y el lenguaje (que media entre nosotros y esa realidad, a la que contribuye a dar forma) pueden imponerse a cualquier mandato corporal. Que no todos seamos heterosexuales o que el índice de natalidad no haga más que descender vendrían a corroborarlo: nada viene dado.

¿O quizá sí? La psicóloga de Princeton Susan Fiske presentó en 2009 un estudio tomográfico que mostraba cómo, cuando los hombres tienen delante fotografías de mujeres en bikini, ven incrementada la actividad de su córtex premotor, que es el área cerebral que se activa cuando observamos objetos. Otros estudios han sugerido que esas imágenes provocan menor actividad en las áreas del cerebro responsables de la atribución de estados mentales a los demás: la despersonalización iría, parece, de la mano de la cosificación. Y aun hay trabajos que sugieren que los varones no ven a esas mujeres como objetos, sino como sujetos, pero sujetos emocionales antes que ejecutivos. Cuanto más sexualizada se presenta la mujer, pues, en mayor medida disminuye la percepción masculina de su agencia o capacidad moral.

Son indicios que llevan a la propia Fiske a concluir que deberíamos eliminar de nuestro entorno las imágenes de mujeres en bikini o lencería; para evitar la cosificación, acabemos con sus causas. Pero si la *imagen* de una mujer en bikini provoca –literalmente– la cosificación, el efecto será el mismo ante una mujer *real* que lleve puesto un bikini. Es el mecanismo psicobiológico el que explica la proliferación de imágenes eróticas, no al revés. Psicólogos y neurólogos nos informan acerca de una actividad cerebral preconsciente, automática, que pertenece al cableado básico de la especie. La percepción «cosificadora» estaría relacionada con nuestro instinto de reproducción; un instinto que hemos aprendido a modular y refrenar, pero que conserva su fuerza aunque hagamos lo posible por no tener hijos. Si adoptamos un punto de vista evolucionista, no concurriría «culpa» en ninguno de los actores: no podemos controlar nuestras reacciones somáticas. ¡Distinto será lo que hagamos después con ellas! Por lo demás, un somero vistazo a las redes sociales basta para percatarse de que muchas mujeres y no pocos hombres se ofrecen impúdicamente a la mirada de los demás, sin que parezca importarles demasiado que esa cosificación –sobre la que volveremos después– se produzca o no. Afortunadamente, las playas llenas de bañistas no son un escenario habitual de agresiones sexuales: las normas sociales ejercen con notable eficacia su cometido como amortiguadores del instinto.

Menos probable se antoja que pueda neutralizarse la tensión sexual entre hombres y mujeres. Algo que también puede decirse para la que se produce entre personas del mismo sexo, o entre quienes se definen por un género híbrido o fluido: el mundo de Doris Day ha resultado ser en todo caso el de Rock Hudson. Esta tensión, que nos convierte en objetos a ojos de los demás, es a la vez un rasgo constitutivo de la especie y un potencial problema para sus miembros: revela nuestra naturaleza animal, que la cultura ha ido refinando y adornando, mientras somete al sujeto civilizado a una tirantez atávica que le resta soberanía. Claro que no es solo un *problema,* pues presentarnos como objetos puede resultar gozoso e incluso sernos beneficioso. Y aquí la desigualdad es la nota dominante.

La socióloga Catherine Hakim, que ha popularizado la noción de «capital erótico» y llamado la atención sobre el papel que el atractivo físico juega en la vida social, se ha mostrado contraria a la tesis feminista que proclama la «igualdad de deseos». En otras palabras, Hakim cree que el deseo sexual masculino es más fuerte que el femenino (diferencia que se amplía con el paso del tiempo) y que negarlo conduce a convertir en patología –carne de terapia– esa disparidad. ¿Esencialismo biológico? Para un psicoanalista como Massimo Recalcati, esa diferencia cuantitativa se explicaría por el hecho de que la demanda femenina de amor se alimenta, cualitativamente,

> de palabras, de cartas, de poesía, de carencias. Sume al falo en la impotencia como instrumento de goce porque este nunca le proporcionará la señal del amor.

Pudiera ser. Pero que se calcule en torno a un quince por ciento el número de hijos nacidos de un padre distinto al inscrito oficialmente parecería refutar la intuición de Recalcati; la infidelidad, como el tango, requiere de dos participantes. Y no olvidemos la desafiante afirmación que el personaje al que da vida Nicole Kidman, interrogada sobre la vida sexual de la mujer, hace en *Eyes Wide Shut,* la adaptación cinematográfica del *Relato soñado* de Arthur Schnitzler: «Si los hombres supieran.»

A partir de ese planteamiento, Hakim ha llegado a explicar la prostitución como una consecuencia lógica del «déficit sexual masculino» en una sociedad de mercado. Sus efectos sociales podrían ser benéficos: nuestra socióloga cita estudios según los cuales la industria del erotismo reduce, en lugar de incrementar, los delitos sexuales. Repárese en los problemas que plantea en China el enorme desequilibrio demográfico creado por la política de hijo único: se calcula que treinta millones de solteros chinos carecen de contraparte femenina. ¡Eso no hay *app* que lo arregle! En fin, Volkmar Sigusch, director durante treinta años del Instituto Científico Sexual ligado a la Universidad Goethe de Frankfurt, ha afirmado que una sociedad sin prostitución le resulta inimaginable, pues en ella se multiplicarían los homicidios y las agresiones sexuales, lamentando de paso la mezcla de hipocresía y puritanismo que nos impide reconocer su funcionalidad social.

Se trata de un argumento incómodo. De nuevo, como cuando se aconseja a una mujer que no se vista provocativamente en un barrio peligroso, parecen confundirse los planos descriptivo y prescriptivo. Acaso sería deseable que la prostitución no existiese, pero eso no suprimirá las razones por las cuales ha existido desde siempre. A propósito de este debate, es pertinente recordar la funesta aventura que corrió una joven norteamericana que quiso recorrer el mundo vestida de novia y haciendo autostop con el propósito de demostrar la esencial bondad humana: su recorrido terminó en algún lugar del interior de Turquía, donde fue violada y asesinada. Esa joven *no debía* ser atacada y sin embargo *lo fue:* su historia es una deprimente alegoría. De la misma manera, cabe preguntarse hasta qué punto las cuestiones de orden sexual, que conectan con el más primario de nuestros instintos, se dejan normativizar y regular a través de la cultura y el derecho. O, si se prefiere, en qué medida.

En principio, la aparente disparidad en los apetitos sexuales es coherente con una lectura evolucionista de la especie. No convendría echar en saco roto aquellas descripciones del deseo intersubjetivo que emplean las armas de la psicología evolucionista: su aparente simplismo no es razón para desdeñarlas. Para David Buss, por ejemplo, hombres y mujeres siguen distintas estrategias de apareamiento en razón de sus distintos deseos. Así, el hombre otorgaría una prima al combinado de belleza y juventud. Pero no porque esa sea la constante en todo el reino animal, sino porque lo es en cualquier cultura humana: la centralidad del matrimonio en el apareamiento de nuestra especie aconseja la búsqueda de parejas físicamente atractivas y jóvenes para la futura fertilidad. Las mujeres, en cambio, serían más selectivas por efecto de la mayor inversión que se ven obligadas a hacer en la gestación y crianza de los hijos: sus recursos reproductivos son mucho más sofisticados que los del varón y demandan por ello una elección más cauta. Se trataría entonces de evaluar las señales emitidas por los distintos candidatos, a fin de elegir a quien proporcione más beneficios que costes: acceso a recursos, ambición, inteligencia, fuerza física, buena salud, compromiso. ¿Quién elige lo menos pudiendo obtener lo más? Para Buss, esta diferencia responde tanto a la biología de origen como a los problemas adaptativos sobrevenidos, matizados a su vez por la cultura. Y aunque la psicología evolucionista es solo una de las perspectivas que podemos adoptar a la hora de explicar la conducta de unos seres psicobiológicos y contradictorios, modelados por siglos de historia social, no carece en absoluto de valor explicativo. Quien tenga dudas, que eche un vistazo en cualquier bar de madrugada.

Y es que si Kiko Milano, exitosa empresa de *fast cosmetics,* estuviera a punto de cerrar sus puertas en lugar de crecer sin pausa, podríamos otorgar más crédito a aquellas tesis que sostienen que los sexos carecen de diferencias. Por supuesto, todo puede atribuirse al distinto formateado cultural: a ellas se las educa de una manera y a ellos de otra. Pero ¿no se maquillaba David Bowie allá por los años setenta, sumiendo a las madres de sus fans en la confusión acerca de si sus hijos son «hombre o mujer», como cantaba en «Rebel Rebel»? En realidad, las diferencias biológicas no impiden hablar de géneros fluidos, como efecto de una cultura cada vez más sofisticada donde el elemento de experimentación y juego en las biografías individuales no ha hecho más que cobrar fuerza tras las revoluciones juveniles y el impacto diferido de las vanguardias históricas. Deducir de ahí que la cultura todo lo puede, sin embargo, es más discutible.

¿No es la existencia de ventajas sociales asociadas al atractivo físico una prueba de la dificultad que comporta neutralizar esos elementos atávicos? Nancy Etcoff sostiene que la preferencia por la belleza está inscrita en nuestro aparato biológico y ha hablado del «survival of the prettiest» (o supervivencia del más guapo), arguyendo que esa ventaja adaptativa explica que hagamos el esfuerzo de mostrarnos *deseables* ante los demás. Podemos culpar al capitalismo, pero entonces tendremos problemas para explicar la presencia de abalorios en las culturas precolombinas. Si no me falla la memoria, era Gabriele D'Annunzio –citado por Leonardo Sciascia– quien decía de una dama de la alta sociedad italiana que «no es dominadora por voluntad, sino por naturaleza»; en referencia, huelga decirlo, a su imponente atractivo físico. Sobre esto ha escrito Camille Paglia en su memorable librito sobre *Los pájaros,* la película de Alfred Hitchcock protagonizada por una bella, hermosa y rica heredera a la que da vida Tippi Hedren. Recuerda Paglia la escena en la que Hedren llama al periódico de su padre para pedir la información personal del hombre (el galán Rod Taylor) a quien acaba de conocer en una pajarería. Aunque esos datos son privados, su interlocutor accede a dárselos. Escribe Paglia:

> Lo que me gusta de esta escena es la precisión con la que muestra cómo las mujeres hermosas se salen con la suya en el mundo. (...) Es como si el hechizo de la atracción sexual suspendiese automáticamente las reglas de la moral.

Tennessee Williams dijo algo parecido: las personas hermosas crean sus propias leyes. ¿Deplorable? Sí; pero sucede. De hecho, *Los pájaros* puede leerse como la venganza fílmica de un hombre –Alfred Hitchcock– por el que las mujeres nunca se sintieron atraídas: el personaje femenino, que Paglia describe como «una obra de arte andante», sufre toda clase de agresiones ambientales y psicológicas que acaban por dejarla a un paso de la demencia. En *30 Rock,* la excelente serie cómica de Tina Fey, se expone algo parecido en forma de una «teoría de la burbuja» según la cual nadie contraría a las personas atractivas de ambos sexos debido a su ascendente natural sobre los demás: viven así en el interior de una burbuja de privilegio derivada de la acumulación de capital erótico.

Es sabido que una parte de la teoría feminista condena sin paliativos la existencia de una industria de la belleza que estaría forzando a las mujeres a tomar parte en una competición cuyos beneficiarios serían los titulares del poder patriarcal. Pero hay otras maneras de ver este asunto. En un interesantísimo trabajo que toma como referencia de estudio la fiesta de los «quince años» en México, rito social de paso hacia la edad adulta, la socióloga Angela B. McCracken se sitúa del lado de un feminismo alternativo que cuestiona esas premisas moralizantes. Su libro *The Beauty Trade* se abre con los versos del *hit* musical de Jimmy James «Fashionista» «I wanna be *delgada* / to fit into my Prada», que parecen dar la razón a las críticas del patriarcado. Para McCracken, sin embargo, no todas las mujeres experimentan los estándares de belleza convencional como una forma de sometimiento: el argumento de que la llamada «beautification» es opresiva asume que las mujeres son víctimas y no agentes de ese proceso. Ocurre que si la categoría de «la mujer» no es universal, tampoco puede serlo la aplicación del argumento patriarcal. Hay mujeres que obtienen placer de su propio embellecimiento, mientras otras –y otros– se benefician de la inyección de capital erótico que trae consigo. ¿Tiene entonces razón Shahidha Bari cuando dice que el feminismo contemporáneo tiene aún que hacer las paces con los placeres que se derivan de la sexualidad y la visualidad? Hay de todo. Pero es en este punto donde convergen libertad individual y heteronomía cultural, donde se encuentra una de las tensiones más irresolubles de la teoría y la práctica feministas.

Ahora bien: si todas las formas de capital se encuentran desigualmente repartidas, lo mismo pasa con el capital erótico. La belleza es, por tanto, creadora de desigualdad. McCracken no deja de reconocerlo: «Ni todas las mujeres ni todos los hombres se benefician por igual de la prima por belleza; unos pocos se benefician más que los demás.» Las razones son conocidas: los dones naturales y el paso del tiempo. Por una parte, la lotería del nacimiento nos proporciona un determinado aspecto físico que solo podemos corregir parcialmente; por otra, incluso quienes gozan de ese atractivo habrán de envejecer: lo que la naturaleza da, la naturaleza quita. En un mundo ideal, nada de esto importaría y las personas buscarían pareja con independencia de estas menudencias; por desgracia, vivimos en un mundo donde estos factores tienen su peso y es rara la persona que deja de ejercer el poder, grande o pequeño, que le haya sido concedido. Y no pocos, cabría añadir, abusan de él mientras de él disponen. Es significativo, a este respecto, que las actrices que piden papeles para las mujeres maduras suelen hacerlo cuando ellas han llegado a la madurez y no antes.

Por desgracia, la desigualdad en el disfrute del capital erótico puede tener consecuencias siniestras. Así sucedió en Isla Vista, California, el 23 de mayo de 2014, cuando Elliot Rodger, un joven veinteañero que había abandonado sus estudios, mató a seis personas e hirió a otras catorce. Lo hizo en el curso de un frenético acto criminal que empezó en su apartamento, siguió en la sede de la sororidad Alpha Phi de la Universidad de Santa Bárbara y terminó en una tienda local de ultramarinos justo antes de que Rodger estrellara su BMW Coupé en una intersección y fuera encontrado muerto por la policía. En una pausa entre los asesinatos, este chico tímido de origen asiático subió un vídeo a su canal de YouTube y envió por correo electrónico a todos sus contactos –incluido su terapeuta– una suerte de autobiografía-manifiesto de 300 páginas. Su declaración de motivos rezaba así:

> Lo único que quería era encajar y llevar una vida feliz, pero fui marcado y rechazado, obligado a soportar una existencia solitaria e insignificante. Y todo porque las hembras de la especie humana han sido incapaces de encontrar en mí algo valioso.

De ahí que declarase una «guerra contra las mujeres» y pusiese en el punto de mira una asociación estudiantil de la que formaban parte el tipo de mujeres que tendían a ignorarlo. Sus disparos debían mostrar al mundo que él era «el hombre superior, el verdadero macho alfa». Rodger se convirtió así en el más famoso de los *incels* o célibes involuntarios, que el grupo de apoyo de 40.000 miembros creado en Reddit tras darse noticia de esta apoteosis del resentimiento define como aquellos que «carecen de relaciones románticas y de sexo». Es lo mismo que sentía Alek Minassian, el joven de veinticinco años que arrolló con una furgoneta a diez personas en Toronto en abril de 2018. Antes de coger el volante, Minassian entró en Facebook para –tras llamar a su predecesor Elliot Rodger *«gentleman* supremo»– lanzar un críptico grito de guerra: «¡La rebelión *incel* ha comenzado! ¡Destronaremos a los Chads y las Stacys!» Chad y Stacy: nombres con los que esta comunidad de desclasados emocionales ha bautizado a los hombres y mujeres que consiguen sexo fácilmente e ignoran a los menos agraciados o más tímidos. Desde ese lugar, el lugar que ocupan quienes no llaman la atención, escribe Virginie Despentes en su *Teoría King Kong:*

> Seguramente yo no escribiría lo que escribo si fuera guapa, tan guapa como para cambiar la actitud de todos los hombres con los que me cruzo. Yo hablo como proletaria de la feminidad (...). Yo, como chica, soy más King Kong que Kate Moss.

Hay datos empíricos que avalan esta elemental intuición. Según explicaba *The Economist* en un análisis de los servicios digitales de emparejamiento, los datos proporcionados por Tantan –una *app* china que cuenta con unos cien millones de usuarios– muestran unos patrones relacionales caracterizados por la desigualdad. Mientras los hombres encuentran deseables al 60 % de las mujeres, las mujeres solo encuentran deseables al 6 % de los hombres; no es así de extrañar que la menos atractiva de las mujeres reciba más solicitudes que el más atractivo de los hombres. Y si bien todas las usuarias pueden encontrar a alguien deseable, hay un porcentaje de varones condenados a la exclusión: un 5 % de ellos nunca encuentran la menor señal de reciprocidad, por muchas horas que pasen frente a la pantalla del móvil. Esta desasosegante conclusión es compartida por los sociólogos norteamericanos Michael J. Rosenfeld y Reuben J. Thomas, quienes no obstante subrayan la general eficacia del *dating* digital: una ampliación de las posibilidades de contacto que confirma a ese trágico 5 % que nadie se va a fijar en ellos.

He aquí, por tanto, un problema. Pero ¿qué hacer? En un mercado amoroso y erótico liberalizado, el desorden y la desigualdad están garantizados; también la frustración. ¿Debería crearse un Ministerio de Redistribución del Capital Erótico? ¿O promulgarse una ley que relacionase a la fuerza entre sí a personas de diferente atractivo? ¿Debe el capitán del equipo de béisbol salir con la campeona de ajedrez? Estas ideas suenan absurdas, por impracticables. Y por eso no puede extrañarnos que, como se ha sugerido ya, la socióloga Eva Illouz haya encontrado en el régimen matrimonial clásico un mecanismo institucional de protección contra la naturaleza efímera de la belleza carnal: obligados ambos sexos a unirse en la juventud, cuando marido y mujer se encuentran en el cénit de su atractivo físico, el vínculo era en lo sucesivo indisoluble. Se trataba así de evitar aquello que Federico Fellini pone descarnadamente en escena en *Ocho y medio:* en ese episodio onírico donde su *alter ego* expulsa al piso de arriba de su harén a una de sus concubinas tras haber cumplido cincuenta años, provocando una rebelión («¡Exigimos ser amadas hasta los setenta!») que Marcello Mastroianni sofoca a golpe de látigo nietzscheano. La escena es grotesca y en ella el hombre es retratado como un niño malcriado al que las mujeres, maternalmente compasivas en vista de su infantilismo narcisista, consienten. Se trata de una fantasía de dominación masculina que hoy difícilmente encontraría productor. Y, sobre todo, es una fantasía: que la realidad no suele compadecerse con ese sueño egomaníaco queda claro si observamos cuántos padres de familia arrastran cada sábado los pies detrás de su familia por los pasillos de El Corte Inglés. El propio Nietzsche, a cuyo famoso látigo acaba de hacerse alusión, padeció el más triste de los desamores: no ser amado.

Tal vez, en fin, sería conveniente considerar las relaciones sexuales entre hombres y mujeres como un asunto de especie: un problema común de difícil manejo, caracterizado por heterogéneas manifestaciones socioculturales y no exento, tampoco, de connotaciones vitales positivas. Un problema al que conviene aproximarse sin prejuicios: ni viejos ni nuevos.

5. Zonas de sombra

Una pregunta ha quedado en el aire: si la biología no se habrá convertido en el último refugio del patriarcado. O sea, si la apelación a las diferencias sexuales innatas entre hombres y mujeres no estaría utilizándose implícitamente para explicar –si no justificar– la mayor agresividad del varón. El psicólogo Jordan Peterson, convertido en toda una celebridad, gusta de salpimentar sus escritos y declaraciones con comparaciones entre la vida sexual humana y la de otras especies, mientras que el escritor conservador Andrew Sullivan sostiene que nos equivocaríamos de plano si dejáramos la biología fuera de la discusión:

> Digo esto porque en el acalorado debate sobre las relaciones de género y el movimiento #MeToo, esta realidad natural –reflejada en cromosomas y hormonas que ningún científico pone en entredicho– rara vez se discute. Se ha convertido, casi, en un tabú. (...) Todas las diferencias entre los géneros, se nos

dice, son una función no de la naturaleza sino del sexismo. (...) La naturaleza misma sería una «construcción social» diseñada por los hombres para oprimir a las mujeres.

¡Menudo asunto! Pocas disputas científicas y filosóficas han sido tan duraderas como la relativa a la fuerza condicionante de los rasgos innatos y la condigna capacidad de la cultura para modificarlos. No es para menos: dado que la relación entre los sexos se describe a menudo como un juego entre la activa mirada cosificante del hombre y la cauta recepción pasiva de la mujer, conviene determinar cuánta verdad hay en ello. Entre otras razones, para elucidar qué disposiciones son «naturales» y cuáles han sido «naturalizadas» pese a tener un origen social. Si resultase que la mayor agresividad sexual masculina está enraizada en la biología, la capacidad reformadora de la cultura estaría limitada: la cultura reprime, sí, pero no suprime. Habría que abandonar entonces la esperanza de que algunos de los aspectos más problemáticos de esa conducta sexual puedan desactivarse del todo, por más deseable que ello fuera.

Para ilustrar este punto, volvamos sobre la cosificación. Esta palabra designa el acto por el cual contemplamos a otro sujeto como a un objeto. Para la crítica feminista, es una conducta típicamente masculina, pues el hombre tiende a contemplar a la mujer como objetivo erótico sin atender a sus demás cualidades: del valor moral a las capacidades intelectuales. La mujer deja entonces de ser un sujeto y se transforma en un medio para la satisfacción visual o carnal del hombre. Desde esta óptica, cosificar es anular moralmente al otro.

Bien, pero ¿por qué cosificamos? ¿Podemos evitarlo? ¿Es siempre indeseable? La filósofa Raja Halwani se ha preguntado si todo deseo sexual es cosificante en sí mismo y, por tanto, todo deseo sexual es moralmente erróneo. Y apréciese, por cierto, el grado de sofisticación que encierra esta pregunta: ¡he aquí una especie animal que ha llevado la autoconciencia a sus últimas consecuencias! A juicio de Halwani, quien se apoya en Kant, desear sexualmente a otro ser humano implica forzosamente su cosificación, pues lo que deseamos es su cuerpo y no otras cualidades. Para colmo, que exista consentimiento no elimina la cosificación, pues dos personas pueden ponerse de acuerdo para mantener una relación estrictamente sexual; acuerdo que también puede ser implícito. Dicho en términos kantianos, el deseo sexual nos impide tratar a otra persona como *fin en sí mismo,* pues la reducimos a la condición de *medio para un fin:* la satisfacción sexual. Y lo mismo ocurre con el sujeto deseante:

> El sexo no solo te hace cosificar a tu pareja. También te cosifica a ti. Cuando estoy poseído por el deseo sexual, también dejo que otra persona me reduzca a mi cuerpo, me use como un instrumento. Su poder es tal que convierte a la razón en su sirviente: nuestra racionalidad se convierte en el medio para satisfacer sus objetivos.

¿De verdad deja el sujeto de ser sujeto cuando es cosificado? ¿Podemos establecer tan alegremente esa separación? Es probable que Halwani subestime el papel de los sentimientos en la experiencia sexual, pues allí donde existen (y ya dijo Niklas Luhmann que el sexo *crea* sentimientos) influyen forzosamente en la percepción del otro, contemplado como una totalidad antes que como un mero instrumento para nuestra satisfacción. Asimismo, convendría recordar que el placer del otro –el placer que damos– suele ser un ingrediente destacado de los intercambios eróticos. Con todo, la conclusión a la que llega Halwani es un saludable recordatorio del papel que el deseo –como impulso autónomo– juega en las relaciones sexuales: el deseo y la cosificación, que son inseparables, constituyen una fuerza bruta que la moralidad debe reconocer. De ahí su lúcida conclusión: «El sexo es como cualquier buen postre: resulta delicioso, pero se paga un precio.» ¡La tasa Kant!

Se ha sugerido antes que la cosificación parece ser en gran medida un fenómeno natural, una suerte de mecanismo automático que el «efecto bikini» observado por los neurobiólogos habría puesto de manifiesto. Resulta de aquí una información valiosa para las empresas de marketing, pues se ha demostrado que la exposición a esas imágenes hace a los hombres más impulsivos: mucho más inclinados a comprar acciones, abrir una cuenta bancaria o viajar a las Seychelles. Esto no hace de los varones acosadores en serie, pero esta singular activación cerebral sugiere que debemos prestar atención a los fundamentos biológicos del deseo. Porque el deseo no es voluntario, sino espontáneo; no podemos forzarlo, aunque a veces querríamos. Es verdad que puede existir con independencia de su objeto; el deseo de sexo, por ejemplo, tras un periodo sin sexo. Pero tampoco ese deseo despersonalizado es intencional, ni puede proyectarse exitosamente sobre cualquier objeto: unas personas nos son atractivas y otras no. Algo que vale por igual para hombres y mujeres.

No obstante, ¿qué parte de ese impulso está modelada por elementos culturales y puede, por tanto, ser politizada? La filósofa Amia Srinivasan ha llamado la atención sobre la genealogía del deseo sexual, al poner de manifiesto la diferente *elegibilidad* de individuos pertenecientes a distintos grupos sociales:

Consideremos la suprema follabilidad [*fuckability*] de las «rubias buenorras» y de las mujeres asiático-americanas, frente a la comparativa infollabilidad de las mujeres negras y los hombres asiáticos, la fetichización de y el miedo a la sexualidad masculina negra, o la repugnancia sexual expresada hacia los cuerpos discapacitados, transexuados o gruesos.

Prueba de ello se encontraría en un experimento llevado a cabo en Grindr, la aplicación digital de contactos para homosexuales. Bajo la divisa *What the flip?,* Grindr invitaba a los usuarios a intercambiar perfiles manteniendo sus fotografías. La elegibilidad selectiva se puso de manifiesto con crudeza: el hombre blanco, acostumbrado a atraer la atención de los demás usuarios, se encontró privado de ella cuando usó el perfil de un hombre asiático; y viceversa. Así que es difícil negar que el *grupo* al que pertenece un individuo ejerce influencia sobre el modo en que percibimos su atractivo: a quién deseamos y, sobre todo, a quién dejamos de desear tiene connotaciones políticas. O bien: lo sexual es político.

Ahora bien, ya hemos señalado que los periodos de abstinencia sexual suelen generar –cuando menos en individuos jóvenes– un deseo genérico de sexo, no relacionado con objeto alguno. De aquí se colige que, si bien los patrones culturales pueden influir en la construcción de estereotipos más o menos deseables, no parece que el deseo por un miembro del otro sexo –o del mismo sexo– tenga *en sí mismo y como tal* un origen cultural ni político. Igualmente, parece fuera de duda que hay personas que disfrutan de una suerte de *elegibilidad natural* debido a su juventud o belleza o perfección física. Estamos, de nuevo, entre dos aguas. Srinivasan es consciente de las paradojas que se derivan de esto: por una parte, politizar el deseo supone decir a las personas lo que *deben* desear, incurriendo en una suerte de «autoritarismo moral»; por otra, aunque no se puede dejar de poner el acento en la dimensión política de la atracción sexual, hacerlo puede ser contraproducente:

> Existe el riesgo de que la repolitización del deseo fomente un discurso del derecho al sexo. Hablar de aquellos que son injustamente marginados o ex-

cluidos puede llevarles a pensar que tienen *derecho* al sexo, un derecho violado por quienes se niegan a mantener relaciones sexuales con ellos.

Ya hemos visto cuán peligroso puede ser el resentimiento sexual. Pero ¿cómo no entender a esos parias del mercado estético que tan bien ha retratado en sus novelas el lúcido *provocateur* que es Michel Houellebecq? Sea natural o construida, la diferencia entre elegibles e inelegibles constituye una brecha cruel que, atravesando las divisiones de género, corre el riesgo de pasar desapercibida *precisamente* porque no encaja bien en la conversación dominante.

Volviendo al problema de la cosificación, Laurie Penny ha sostenido que existe una conexión directa entre los estereotipos culturales y la cultura de la violación en la que –a su juicio– vivimos. ¿No tratan los hombres el sexo como algo que se *obtiene* de las mujeres? Para Penny, los varones operan con arreglo a un conjunto de presunciones culturales sobre el sexo y la sexualidad que requieren una revisión urgente:

> Presunciones sobre cómo son las mujeres, qué hacen, y qué tienen la capacidad de querer. Presunciones como: los hombres quieren sexo, las mujeres son sexo. Los hombres toman, a las mujeres hay que persuadirlas para que den. Los hombres se follan a las mujeres; las mujeres se dejan follar.

Aunque la generalización –según la cual *todos* los hombres actúan *siempre* de ese modo– es más que discutible, a Penny no le falta razón. Basta con atender al lenguaje: las mujeres siempre han sido las que «concedían sus favores» a los hombres, al tiempo que se censuraba a aquellas que decían *sí* en lugar de responder, como hace una verdadera dama, *quizá*. Pensemos en Don Juan o en Casanova, seductores profesionales dedicados a vencer la oposición de las damas virtuosas. Naturalmente, también es posible que ese sesgo cultural no sea caprichoso, sino que responda a factores como las antes descritas estrategias reproductivas de cada sexo, el desigual reparto de poder entre ambos o, como ya se ha dicho, la circunstancia de que a la mujer pueda resultarle más «económico» elegir entre distintas ofertas masculinas en lugar de ser ella quien las presente. Si así fuera, el protagonismo histórico del deseo masculino habría sido menos el resultado de una operación deliberada de dominación que una segregación espontánea de la cultura; una cultura, la del pasado, menos atenta a los problemas que ahora nos preocupan. Ahora que hemos ganado en reflexividad social, Penny reclama tanto una «nueva masculinidad» capaz de trascender estos viejos estereotipos como una «cultura del consentimiento» que reconozca a la mujer como sujeto decisor y deseante en igualdad de condiciones:

> Eso es lo que significa la cultura del consentimiento. Significa esperar más, exigir más. Significa tratar-

nos entre nosotros como seres humanos complejos con agencia y deseo, no solo una vez sino siempre. Significa ajustar nuestras ideas sobre el *dating* y la sexualidad más allá del proceso consistente en arrancar un renuente «sí» a otro ser humano.

Pero ¿hablamos de igualdad moral o de igualdad psicosexual? Porque una cosa es defender una cultura del consentimiento que no haga distingos entre sexos y otra es afirmar que no existen diferencias entre hombres y mujeres en esta materia. Dicho de otra manera: podemos decir que no *debería* haber diferencias, pero eso no implica necesariamente que la cultura tendrá éxito en su empeño por abolirlas. ¿Pueden hombres y mujeres conducirse de manera idéntica en este terreno? ¿Somos biológicamente iguales y solo la cultura ha impedido hasta ahora que esa igualdad se refleje en las conductas socialmente aceptadas? ¿Podrá la cultura del futuro implantar esa igualdad? ¿O se trata más bien de reconducir culturalmente la sexualidad masculina, haciéndola menos agresiva mediante la persuasión moral y la coerción legal?

Es arriesgado dar respuestas tajantes. Candy, la prostituta interpretada por Maggie Gyllenhaall en la serie televisiva *The Deuce,* aspira a convertirse en directora de cine pornográfico para dejar la calle y canalizar de paso sus inquietudes creativas. En el curso de la reunión con un productor, sostiene que el cine X vende a los hombres una fantasía: «la de que el apetito sexual de las mujeres es igual al suyo».

Pero ¿es una fantasía? Son las mujeres las que deben responder a esto: a la pregunta sobre el deseo femenino. Ya que es capital distinguir cautelosamente aquello que responde a factores biológicos de aquello que la cultura puede modificar. ¿Es cultural, por ejemplo, la mayor atención que los hombres prestan a las mujeres más jóvenes? ¿Lo es la mayor vis atractiva de, pongamos, el Brando joven sobre el joven Mickey Rooney? ¿Y la atracción que ejercen el poder o el estatus? ¿Convendría, como sugiere el protagonista de *The Square,* aceptarlo como un hecho? ¿Ha de prescindir el cine de los protagonistas guapos, a fin de ofrecer una representación de la humanidad más ajustada a su media estética? ¿Deben las cadenas de televisión dejar de contratar a mujeres atractivas? ¿Podemos evitar que una mujer o un hombre notablemente atractivos sean juzgados por esa belleza, o que el *nerd* lo sea por su carencia de atractivo físico? ¿Nos gusta ser deseados, o debería repelernos por la cosificación que va implícita en ello?

No son preguntas triviales. Todas ellas giran en torno al problema de la maleabilidad cultural del deseo, que bien podríamos ver como un experimento en marcha. Se ha dicho que tal vez sean las mujeres las que deban dar un paso al frente y decir con claridad de qué modo querrían –más allá de condenar el acoso y el abuso– reescribir las reglas que organizan sus relaciones con los hombres. Así se ha expresado la alemana Svenja Flaßpöhler, para quien la vieja pregunta de Freud («¿Qué quiere la mujer?») posee más vigencia que nunca a la vista de lo que ella denomina «el feminismo del *hashtag*». A su juicio, este feminismo está cargado de negatividad y viene a reproducir el viejo estereotipo cultural que retrata a la mujer como un actor pasivo que reacciona al deseo masculino, cuando lo que se requiere es lo contrario: una mujer que realiza su potencial afirmando sus deseos propios sin con ello castrar al varón ni replegarse en la falsa comodidad de un mundo sin dobleces. Flaßpöhler nos recuerda que no hay seducción sin ejercicio del poder y sostiene que la exigencia de un consentimiento sexual explícito, sobre la base de que la mujer se paraliza ante la agresividad masculina, equivale de hecho a su infantilización. Por el contrario, la pensadora alemana urge a las mujeres a exponer con claridad lo que quieren abandonando toda pasividad.

De alguna manera, es lo que están haciendo; pero no existe todavía nada parecido a la unanimidad y quizá nunca pueda haberla. Encontramos una muestra de esas discrepancias en la obra de Anna Biller, autora de esa originalísima película que es *The Love Witch*. Biller ha declarado que uno de los propósitos del film es preguntar a la *sex symbol,* a la mujer cosificada, qué piensa. Y ha denunciado cómo

> la izquierda se ha apropiado de la política de la libertad sexual de una forma que no es positiva para las mujeres. Si te quejas de alguno de los problemas que la revolución sexual ha provocado a las mujeres, pareces una mojigata de derechas. Pero la revolución sexual prometió toda clase de libertades,

ninguna de las cuales se ha alcanzado –al menos, no la mujer.

Su primera película, *Viva,* trataba sobre un ama de casa de los años setenta arrastrada por su marido a la experimentación sexual y obligada por las circunstancias a jugar el papel de chica Playboy; o lo que es igual, a satisfacer la fantasía masculina. ¿Puede entonces suceder que la revolución sexual haya tenido un carácter opresivo para las mujeres? Pero, si lo ha tenido, ¿es por razón del predominio de las *formas* sexuales masculinas o por la *intensidad* que se demanda en el ejercicio de la sexualidad? ¿O quizá por la disociación del amor y el sexo?

Hablando de *Playboy,* la combativa Camille Paglia ha elogiado recientemente la figura de su creador, el fallecido Hugh Hefner. Para Paglia, Hefner estaba lejos de ser un misógino y su logro fue transformar al varón americano, despojándolo de la herencia puritana y presentándolo como un *connaisseur* a la manera continental, situando el sexo dentro de un continuo estético que incluía el jazz, las ideas o la buena comida. Del granjero al *gentleman:* una visión que envejeció súbitamente tras la explosión psicodélica de los años sesenta, pero cumplió una importante función histórica de carácter civilizador. Para la pensadora norteamericana, la demonización de Hefner es una expresión de la «fobia sexual» del nuevo feminismo: cosificar, dice, no es deshumanizar. A su modo de ver, la historia del arte y su prolongación en el cine de Hollywood y las *sex symbols* del siglo XX así nos lo enseña. También lo indicaría el contraste con la actitud homosexual:

> Basta con atender a la larga historia del mundo gay masculino, empezando por la Atenas clásica. Ningún hombre gay ha dicho nunca, contemplando a un joven con un cuerpo perfecto: «Mi mirada lo está haciendo pasivo.» Sería una estupidez. Cualquier hombre gay sabe que la juventud y la belleza son principios supremos que merecen nuestra admiración y veneración. Cuando adoramos la belleza, adoramos la vida misma.

He ahí, ciertamente, una cosificación –la homosexual– que no merece ningún reproche en el discurso público. Pero, más allá de esta comparación, ¿qué aspecto tendría una sociedad basada *simultáneamente* en el consentimiento de todos los implicados y en el abandono del rol más o menos pasivo (pero no por fuerza menos decisor) que tradicionalmente se ha atribuido a la mujer en materia sexual, acaso como prolongación de su papel secundario en otros aspectos de la vida social (aunque no en todos)? ¿Son las formas sexuales dominantes, hábitos de dormitorio incluido, una imposición masculina? ¿Ha de equilibrarse el peso de las preferencias de hombres y mujeres en el marco de esa cultura del consentimiento a la que se refiere Laurie Penny?

No sabemos si el futuro tendrá ese aspecto. Existen otras posibilidades: la desactivación sexual de la especie; la paulatina forja de una enemistad entre hombres y mujeres que convierta el trato recíproco en un forzado ejercicio de rigidez diplomática; o que las cosas sigan más o menos como están. Pero quizá no haya que ser tan pesimista: una reconstrucción satisfactoria de las relaciones entre los dos sexos podría fructificar en los próximos años. Merece la pena preguntarse por las bases sobre las que podría asentarse ese nuevo régimen sexual, o sea, por la posible forma de una sociedad regida por la igualdad entre diferentes.

6. Futuros comunes

¿Hacia dónde vamos? ¿De qué manera pueden reorganizarse las relaciones entre hombres y mujeres en el siglo XXI? ¿Pueden converger sobre el mismo punto las miradas masculina y femenina? ¿O debemos abandonar toda esperanza y aceptar una conflictividad sin fin?

Desde el primer momento se ha dejado aquí claro que no hay nada que discutir en lo concerniente al abuso, el acoso y cualquier otra forma de chantaje o violencia sexual. Quiere decirse: nadie puede defender conductas de esa índole ni oponerse a que se establezcan mecanismos y protocolos eficaces para evitar su ocurrencia o facilitar su denuncia. Por eso este ensayo se ha centrado en la cuestión del consentimiento, incluidas sus zonas grises, que de manera natural desemboca en el problema del deseo: sus raíces, sus manifestaciones y eso que podríamos llamar su mercado. Y es menester recordar una vez más que indagar en los fundamentos biológicos de la conducta sexual en modo alguno implica *justifi-*

car las conductas inapropiadas del hombre, por no hablar de su ocasional peligrosidad, sino que constituye un intento por *explicar* esa mayor agresividad o intentar hacerlo. Acaso inevitablemente, la confusión entre facticidad y moralidad es una constante en este terreno. Eso no significa que la moralización de las conductas sexuales sea inútil; sí sugiere que la completa erradicación de la violencia sexual quizá no sea posible. En cuanto a la llamada «cosificación», ya se ha visto que parece constituir un ingrediente necesario de los mecanismos biológicos del deseo. De donde, sin embargo, tampoco cabe concluir que la cultura esté aquejada de una completa impotencia represiva: así como el papel de la animalidad humana no puede ser ignorado, su relativa maleabilidad es también evidente.

En un coloquio organizado por la Universidad de Harvard, los psicólogos Steven Pinker y Elizabeth Spelke debatieron acerca de las diferencias sexuales entre hombres y mujeres y su influencia sobre el mundo de la ciencia. No es ese el tema que aquí nos ocupa, pero la conversación ofrece alguna pista sobre el modo en que haya de abordarse la incógnita sexual. Pinker empieza por señalar que la posición naturalista fuerte, que hace depender *enteramente* la conducta de los factores biológicos, no tiene ya apenas defensores. ¡Aunque los tuvo! Frente a ella, existe una postura construccionista también fuerte, de acuerdo con la cual hombres y mujeres son biológicamente indistinguibles, explicándose entonces sus diferencias por causas *exclusivamente* culturales. Y hay, claro, posiciones intermedias que apuntan –razonablemente– hacia diferencias biológicas innatas que interactúan con la socialización y la cultura. En este caso, Pinker es partidario de reconocer la existencia de aquellas diferencias innatas que sean experimentalmente observables y estadísticamente relevantes. «La verdad no es sexista», dice; es la verdad. Por eso

> es crucial diferenciar entre la proposición moral de acuerdo con la cual nadie debería ser discriminado por razón de sexo –que a mi juicio es el núcleo del feminismo– y la afirmación empírica que dice que hombres y mujeres son biológicamente indistinguibles.

Salta a la vista que asignar un papel a los rasgos innatos en la conformación del individuo, en lugar de hacer depender el conjunto de nuestras disposiciones y apetitos del proceso de aculturación, solo nos deja a medio camino. Ya que al optar por una explicación dialéctica –en la que los rasgos innatos interactúan con la cultura y el ambiente– quedará por dilucidar de qué modo podemos explicar conductas o disposiciones concretas: si como efecto de una propensión biológica, de una norma o sesgo cultural, o de una específica interacción de ambos. Porque también puede suceder, y así lo señala Pinker, que un sesgo cultural heredado sea el reflejo, ya sedimentado en las normas sociales, de las diferencias biológicas iniciales. Proceder a este deslindamiento no es tarea fácil.

Con todo, es Spelke quien tiene aquí la última palabra. A su juicio, que haya más hombres que mujeres en la carrera científica obedece a factores sociales, pues no existen diferencias en las aptitudes de ambos sexos. Eso no significa, advierte, que los géneros sean indistinguibles; solo que en este caso los factores sociales pesarían más que los innatos. No obstante, se pregunta si Pinker no tendrá en parte razón, es decir, ¿no será que diferencias motivacionales de origen biológico empujan a los hombres hacia la ciencia y las matemáticas en mayor medida que a las mujeres? Esta pregunta nos interesa porque su respuesta será asimismo aplicable a las posibles diferencias en materia sexual. Spelke responde que no podemos saber si el origen de esas diferencias es «natural»:

> Puede ser cierto, pero mientras la discriminación y las percepciones sesgadas nos afecten de manera tan generalizada, nunca lo sabremos. La única forma de averiguarlo es haciendo un experimento.

Este experimento es simple: deberíamos dejar, sugiere Spelke, que la hipótesis de que hombres y mujeres tienen las mismas capacidades cognitivas permee el cuerpo social e influya en sus arreglos institucionales, incluyendo la organización del sistema educativo. Si andando el tiempo sigue habiendo más hombres que mujeres en el mundo de la ciencia, quien tenía razón era Pinker: los rasgos innatos se habrán revelado como determinantes y la cultura como irrelevante. Si, en cambio, las mujeres se incorporan masivamente a la carrera científica, era Spelke quien acertaba al poner el foco en los sesgos. Solo haciendo el experimento podremos salir de dudas.

Este mismo esquema podría aplicarse a las relaciones sexuales. Por ejemplo: la criticada sexualización de la mujer en la publicidad, la moda y el cine, que por cierto –y a pesar de que los actores de Hollywood suelen cobrar más que las actrices– conduce a la discriminación salarial de *los* modelos frente a *las* modelos, ¿es un sesgo patriarcal o un efecto de las diferencias innatas explotadas por la industria? Para saberlo, tendríamos que seguir avanzando en la igualdad decisora de hombres y mujeres. Si el deseo sexual femenino, liberado de la herencia patriarcal, se revela idéntico al del hombre, ¿no habría que esperar el condigno aumento de la sexualización masculina en el cine y la televisión, así como el crecimiento de la prostitución para mujeres o el crecimiento del cine X con perspectiva de género? Estos fenómenos ya existen, pero su dimensión es marginal. Por contraste, en las llamadas revistas femeninas las portadas las ocupan las propias mujeres. ¿Desaparecerá *Marie Claire?*

Hay, claro, un futuro alternativo menos basado en la liberación conjunta que en la represión de todos. Es aquel donde se neutralizan tanto la *male gaze* como la *female gaze,* donde se opta por la censura artística de aquellas obras que puedan reproducir estereotipos que se tienen por desigualitarios, donde se prohíbe por completo el ejercicio de la prostitución o se impide la difusión de cine porno-gráfico. En Suecia, por ejemplo, se ha debatido la persecución penal del ciudadano que recurra a los servicios de una prostituta en un país extranjero. Hay que suponer que es en este tipo de sociedad, utópica para algunos y distópica para otros, donde sería aconsejable emplear la aplicación digital que unos emprendedores se han apresurado a diseñar al hilo del debate sobre el acoso: en ella, los participantes en un acto sexual dejan por escrito su consentimiento expreso y acuerdan de antemano el catálogo de prácticas eróticas que están dispuestos a aceptar: Dioniso encadenado.

Se estaría apostando entonces aquí por la capacidad de la cultura para domesticar el instinto sexual masculino, igualando a hombres y mujeres en un marco legal y social donde las prácticas eróticas estarían severamente reguladas. Si esto es o no realizable, ya lo veremos. Para Camille Paglia, la gradual igualación de los sexos ya vendría causando un creciente desinterés recíproco: la mezcla de hombres y mujeres estaría produciendo una indistinción de efectos desactivadores. Pero quizá se trate menos de una desactivación de la libido misma –más que discutible a la vista de la vitalidad del mercado de citas, tecnológicamente facilitadas por Tinder y aplicaciones similares– que de una deserotización que estaría, al decir de Paglia, afectando especialmente a los norteamericanos:

Estamos en un periodo de inercia y aburrimiento sexual, de queja e insatisfacción, que es una de las razones por las cuales los jóvenes consumen pornografía. El porno se ha convertido en un refugio necesario de la imaginación sexual ante la banalidad de nuestras vidas cotidianas, donde los sexos aparecen mezclados en el lugar de trabajo. (...) Los sexos recelan el uno del otro. No hay presión para que los hombres se casen, porque pueden conseguir sexo fácilmente por otros caminos.

Nuestra autora parece contradecirse cuando contrasta el presunto aburrimiento mutuo con la sexualidad mecánica –como la del Casanova felliniano– de la llamada *hook-up culture* o «cultura del rollo». Sin embargo, el amor romántico sigue siendo el ideal al que aspiran la mayoría de los individuos occidentales; un ideal tan resistente que ha sobrevivido a una elevada tasa de divorcios. Otra cosa es que la revolución sexual de los sesenta se tambalee ante la presión ejercida por las exigencias de la vida cotidiana en las sociedades tardomodernas: ese «sexo cero» del que ha hablado Mariano Gistaín. ¡Andamos demasiado cansados!

Por lo demás, hay un país que ejerce desde hace tiempo como laboratorio para la desactivación sexual colectiva: Japón. Allí, según las últimas estadísticas, hasta el 47 % de los hombres no casados entre veinte y veinticuatro años de edad afirmaban en 2016 no haber tenido nunca sexo con una mujer (en 2002 ese porcentaje era del 34 %: la tendencia es alcista en un país que pierde población a una velocidad de vértigo). Pero incluso en Estados Unidos se observa un cambio en la conducta sexual de los jóvenes: si en 1991 el 54 % de los adolescentes (de catorce a dieciocho años) decían tener ya experiencia sexual, en 2015 solo lo afirmaba el 41 %. Nada de esto significa que nos encontremos a las puertas de una involución conservadora, pero la corriente de fondo parece indicar un descenso del hedonismo juvenil y sugiere, por tanto, que la liberación sexual de los años sesenta no es el destino definitivo de las sociedades occidentales. Y ello a pesar de que la oferta de contenidos sexuales y eróticos de todo tipo, desde las imágenes a los juguetes y la lencería *low-cost*, no ha dejado de aumentar.

¿De qué manera hemos de interpretar estas tendencias? En su empeño por «desnaturalizar» al sujeto, enfatizando su carácter histórico y contingente, señalaba Nietzsche que «las necesidades que ha satisfecho la religión y ahora debe satisfacer la filosofía no son inmutables; incluso es posible *atenuarlas y erradicarlas*». Sería posible, pues, dar marcha atrás. Pero ¿estamos seguros de que las necesidades hormonales, ligadas biológicamente al impulso reproductivo y al nacimiento espontáneo del deseo, puedan ser equiparadas a esas necesidades que el filósofo alemán describe como «erradicables»? Hay razones para dudarlo. Tampoco hay necesidad de elegir entre Japón y una velada interminable en el club de *swingers;* existen posibilidades intermedias. Me referiré, para cerrar este ensayo, a dos de ellas; una más deseable que la otra.

La primera consiste en una hipersensibilización de las relaciones entre hombres y mujeres que desemboque en una enemistad recelosa impulsada por la sospecha recíproca. En este marco, digamos que entre Japón y Suecia, la extrema corrección conduciría al anestesiamiento de algunas de las cualidades vitales que han acompañado las interacciones humanas desde antiguo. La búsqueda de la autonomía personal a toda costa nos privaría, entonces, de experimentar las emociones vinculadas a la vida amorosa y sexual. Estaríamos ante una pacificación solo aparente, lograda por medio de una represión altamente civilizada: angustiados por el desorden amoroso generado tras el fin del régimen matrimonial clásico, buscaríamos recrearlo bajo otras formas o emancipar por completo al individuo, en la esperanza de que jamás dependa de nadie. Al mismo tiempo, las representaciones culturales de la sexualidad se verían reducidas de manera tajante con objeto de evitar la cosificación ejercida por la mirada masculina. No más publicidad sexista, ni cine pornográfico, ni cuadros incómodos: adiós a todo eso.

Se trata, claro, de una caricatura. Pero es una caricatura que sirve para identificar los elementos menos alentadores de algunas tendencias de opinión que gozan hoy de predicamento. Una de ellas es la confusión sobre el carácter de las relaciones eróticas, a las que se intenta privar de toda peligrosidad. Esto es imposible: a no ser que por el camino acabemos con el propio erotismo. En su prólogo a la gran novela epistolar de Choderlos de Laclos, *Las amistades peligrosas,* decía Gabriel Ferrater que la obra somete el erotismo a juicio moral; un examen que el erotismo suspende con claridad. Ya que el erotismo es en todo caso disruptivo, destructor de algo: «el erotismo daña, daña siempre». Por eso escribe Laclos, o mejor dicho uno de los personajes de Laclos, que peca de imprudencia quien no ve en su actual amante a un futuro enemigo. Tampoco es casualidad que el escritor francés Pascal Quignard cite a Laclos en su deslumbrante ensayo sobre la sexualidad de los antiguos romanos. Señala allí que el hombre –«acosado por su deseo como por un lobo»– no tiene más remedio que elegir entre Venus y Marte: el amor o la guerra. Y añade:

> Hemos nacido animales: es la «brutalidad» de la que la humanidad no consigue liberarse, a pesar de los deseos que albergan sus representantes y de las leyes que las ciudades promulgan para confiscar su violencia.

Pero Ferrater añade que el libro de Laclos incorpora una valiosa lección moral: entre todos sus lectores, solo los jóvenes pueden llegar a creer el mito de que es posible «manejar a las personas, seducirlas». En el libro, nadie maneja a nadie sino que todos participan; lo que significa que todos salen, salimos, dañados. Ni siquiera es necesario que haya relaciones eróticas de por medio: basta enamorarse sin ser correspondido. Lucette, la hermana de Ada en la novela de Nabokov, ama a Van pero no es amada por Van y termina quitándose la vida. El escritor ruso no aplica paños calientes:

En mundos más profundamente morales que esta bola de cieno, acaso existirían restricciones, principios, consolaciones trascendentales, e incluso un cierto orgullo en hacer feliz a alguien a quien uno no ama de verdad; pero, en este planeta, las Lucettes están condenadas.

Dicho de otra forma: si renunciamos a una concepción del erotismo ligada a la libertad individual tal vez ganemos en seguridad, pero perderemos otros bienes también valiosos. Aunque quizá no sea necesario ir tan lejos. Ya se ha advertido que es preciso evitar que nazca la enemistad entre los sexos. No debería ser tan difícil; quizá estamos en una fase especialmente belicosa que dejará paso, tarde o temprano, a una nueva síntesis. Katie Roiphe sugiere que, para empezar a lograrlo, las mujeres harían bien en dejar de culpar a esa abstracción llamada «patriarcado» de todo aquello que es difícil o frustrante en sus vidas:

> ¿Creemos, de corazón, que así son las cosas? ¿Se trata de una explicación completa y satisfactoria? Hay, por supuesto, un sexismo que se proyecta sobre nosotras de maneras diversas e intrincadas y es difícil de clasificar, pero ¿es esta la fuerza totalizadora, la narración central y organizadora, en nuestras vidas?

Para que fructifique un nuevo régimen sexual, empero, el punto de partida habrá de ser la cooperación entre hombres y mujeres: una disposición al entendimiento que asuma que estamos ante un problema de especie y no ante un problema *de los hombres* o un problema *de las mujeres*. Aunque sea un problema que se manifieste de formas distintas *para hombres* y *para mujeres;* sin olvidar que no *todos* los hombres ni *todas* las mujeres son iguales. Estamos, pues, condenados a entendernos. Y a entendernos sobre la base de nuestras diferencias.

Apoyándose en el famoso artículo del filósofo Thomas Nagel en el que se pregunta cómo es ser un murciélago, Svenja Flaßpöhler ha llamado la atención sobre el hecho incontestable de que ningún hombre podrá jamás saber lo que se *siente* al ser una mujer. ¡Y viceversa! La experiencia subjetiva de cada uno de ellos no es accesible al otro, ni siquiera mediando operaciones quirúrgicas. En esa fenomenología encuentra la autora alemana un camino intermedio para el feminismo contemporáneo; intermedio al alejarse por igual del esencialismo biológico y del constructivismo cultural:

> Lo que diferencia la masculinidad de la feminidad es la incuestionable exclusividad de las experiencias carnales vinculadas a cada uno, así como la imposibilidad fáctica de colonizar el espacio de la experiencia correspondiente al otro sexo.

Pero eso, claro, hay que saberlo; para vivir en consecuencia. De manera que una solución satisfactoria al problema de los sexos solo podrá basarse en una combinación virtuosa de autoconciencia e ironía; en los hombres tanto como en las mujeres. La autoconciencia equivale aquí a hacerse cargo de la compleja red de significados y afectos que se entretejen en las relaciones entre hombres y mujeres, asumiendo por tanto que se trata de una condición –la masculina, la femenina– que ha ido variando históricamente sin por ello desprenderse de algunos atributos inmodificables. No se trata de dejarnos aplastar por el peso de esa carga semántica y simbólica, sino de conocerla a fin de aligerarnos: de saber en qué lugar de la historia común nos encontramos y descartar así aquello que ya no es aceptable, para desenvolvernos libremente en el campo abierto de lo que sigue siéndolo. Por su parte, la ironía nos permitirá introducir en esas relaciones un elemento lúdico, abriendo la posibilidad de ocupar o desocupar los roles sexuales o eróticos que también libremente asumamos, sin miedo a ninguna sanción moral o a someternos con ello «indebidamente» a los deseos del otro. Solo así cabe respetar a un tiempo la igualdad (moral, jurídica, política) y la diferencia (fenomenológica).

Se trata de un producto sofisticado, una greguería civilizatoria. Algo así como una emancipación mutua, el hábito de relacionarnos «como si», suspendiendo reflexivamente las identidades durante el coqueteo, la relación ocasional o la unión duradera: como si sobrevolásemos en todo momento el contexto en el que nos desenvolvemos. Excluyendo toda coerción, pero también todo moralismo y sin imponer a los demás las reglas de *nuestro* juego. Ya lo cantaba Jarvis Cocker en «This Is Hardcore», canción sobre las ambigüedades del porno privado: «Quiero hacer una película, actuemos juntos en ella / No te muevas hasta que no grite *acción* / Este es el ojo del huracán / Eso por lo que pagan hombres de gabardinas manchadas / Pero aquí es algo puro.» Ese «aquí» al que se refiere Cocker no es sino espacio creado por el libre consentimiento entre adultos. Y un consentimiento que se presumirá válido mientras no medie intimidación ni coerción: la heteronomía o influencia de los discursos dominantes sobre las preferencias subjetivas habrá de negociarlas cada uno como mejor sepa. Porque la igualdad es un valor, pero la libertad es otro. Y la autonomía, entendida como ejercicio reflexivo de la libertad, es un ideal tan deseable como inexigible: mientras no se generalice, habremos de respetar las decisiones adoptadas por los individuos. Es más: estos habrán de hacerse cargo de ellas.

Este replanteamiento de las relaciones entre los sexos puede representar una cierta liberación. Reconocer el papel que una tensión sexual inerradicable juega en los asuntos humanos no debería ser motivo de lamento. Será condición para ello que ni hombres ni mujeres vean nada «personal» en las patologías del deseo y entiendan que todos, ellos y ellas, somos en buena medida las primeras víctimas de nuestros propios instintos. No parece que esos instintos sean exactamente los mismos, aunque no podemos descartar que terminen por igualarse; en todo caso, la diferencia sexual implica la necesidad de la tolerancia: de los hombres hacia las mujeres y de las mujeres hacia los hombres. De esa manera, quizá aprendamos a diferenciar mejor entre la agresión intolerable y la insinuación razonable, entre la invitación a mirar y la transgresión del mirar, entre el juego de la dominación y la dominación nacida del abuso de poder. Quizá, en fin, podamos entendernos mejor sin dejar por ello de enredarnos.

Naturalmente, el acuerdo no será siempre fácil o posible. Debemos crear el marco legal y social apropiado para tratar de alcanzarlo, aceptando de paso las inevitables ambivalencias que acompañan a las relaciones humanas. Porque nunca somos del todo libres y rara vez somos del todo iguales, pero ante esa realidad lo único que podemos hacer es aspirar a serlo.

Índice

Títulos de la colección